미래 조직 4.0

[4차 산업혁명 시대 기업과 리더의 성공 바이블]

미 래 조 직 4.0

김성남 지음

더 퀘스트

미래 조직 4.0

초판 발행 | 2018년 5월 1일
초판 4쇄 발행 | 2021년 10월 25일

지은이 · 김성남
발행인 · 이종원
발행처 · (주) 도서출판 길벗
브랜드 · 더퀘스트
주소 · 서울시 마포구 월드컵로 10길 56 (서교동)
대표전화 · 02) 332-0931 | **팩스** · 02) 322-0586
출판사 등록일 · 1990년 12월 24일
홈페이지 · www.gilbut.co.kr | **이메일** · gilbut@gilbut.co.kr

기획 및 책임편집 · 김세원 (gim@gilbut.co.kr) | **표지 디자인** · Design_co*kkiri
제작 · 이준호, 손일순, 이진혁 | **마케팅** · 정경원, 김진영, 장세진 | **영업관리** · 김명자
독자지원 · 송혜란, 윤정아

CTP 출력 및 인쇄 · 예림인쇄 | **제본** · 예림바인딩

ISBN 979-11-6050-462-0 03320
(길벗 도서번호 090118)

정가 : 16,000원

이 도서의 국립중앙도서관 출판예정도서목록(CIP)은 서지정보유통지원시스템 홈페이지(http://seoji.nl.go.kr)와 국가자료공동목록시스템(http://www.
nl.go.kr/kolisnet)에서 이용하실 수 있습니다. (CIP제어번호: CIP2018011484)

생각은 크게, 시작은 작게,
실행은 빠르게

지난 2016년 1월 스위스 휴양도시 다보스에서 열린 세계경제포럼World Economic Forum 연례회의에서는 '4차 산업혁명'이라는 표현이 처음 공식적으로 언급되었다. 그리고 2년이 지났다. 놀라운 것은 그 일이 '불과' 2년밖에 안 지났다는 사실이다. 체감하는 변화로는 20년도 더 지난 것 같은데 말이다.

이 짧은 기간에 '4차 산업혁명', '인공지능', '인더스트리 4.0' 등의 제목이나 수식어를 달고 나온 책의 수를 일일이 헤아리기 어렵다. 방송, 학교, 기업, 단체 등에서 열리는 명사 특강에서도 제일 흔한 주제가 되었다. 유치원 어린이들조차 4차 산업 놀이터에서 가상현실VR 게임 이벤트를 즐기게 되었다.

이것은 잠깐 반짝하고 사라지는 변화가 아니다. 사람들은 자신의 삶에 근본적으로 영향을 미치지 않는 변화에 이렇게까지 몰입하지 않는다. 급격한 변화에는 늘 빛과 어둠이 함께 따른다.

격변의 시대가 사람들에게 주는 감정은 불안이다. 그리고 불안은 주로 미래에 관한 것들이다. 우선 '직장을 잃지는 않을까', '노후에 곤경에 빠지지 않을까', '자녀들이 불행해지지 않을까' 등 개인 차원에서 불안이 있다. 또 '회사가 도태되지 않을까', '산업 자체가 완전히 재편되지 않을까', '사회 시스템이 실패하지 않을까' 등 조직이나 사회적 차원의 불안까지 각양각색이다.

불안은 건강하지 못한 감정이다. 사람의 정신과 육체를 깎아 먹기 때문이다. 인간은 자기 존재의 이유가 설명되지 않을 때 불안을 느낀다. 과거, 현재, 미래를 구분하여 인식하는 능력 때문에 미래의 나, 미래의 가족, 미래의 사회에 대한 걱정까지 앞당겨서 하고 불안 과잉이 된다. 4차 산업혁명의 등장은 안 그래도 걱정 속에서 살아가는 21세기 인류에게 기름을 부은 격이다. 미래에 대한 정확한 관점을 찾지 못하면 내면으로부터 소진되고 말 것이다. 이 책은 필자가 '미래의 조직'이라는 화두를 중심으로 미래에 대한 불안감과 싸운 흔적이다.

20세기가 인류에게 남긴 가장 큰 유산은 조직이다. 노벨 경제학 수상자 고故 허버트 사이먼Herbert Simon 교수는 1991년 발표한 글에서 현대사회는 '시장경제'라기보다는 '조직경제'라고 하는 것이 더 낫지 않느냐는 제안도 했다. 1차 산업혁명 시대에 배태된 현대적 조직은 20세기를 지나면서 전 세계적으로 지배적인 현실이 되었고 앞으로도 주도적인 역할을 수행할 것이다.

컨설팅업체 딜로이트와 〈포브스〉는 2017년 하반기 전 세계 1,600명 이상의 최고경영진을 대상으로 4차 산업혁명 시대를 만들어가는 데 가장 중요한 영향력을 행사할 주체에 대한 인식 조사를 했다. 여기서 공기업을 꼽은 경우가 74퍼센트로 가장 많았고, 그 다음이 사기업으로 67퍼센트, 정부 및 규제기구 45퍼센트 순이었다.

그러나 지난 100여 년 동안 현대적 조직이 항상 같은 모습이었을 수는 없다. 조직이 운영되는 모습, 그 이면의 원리, 추구하는 가치, 달성하고자 하는 목표 등이 주기적으로 꾸준히 바뀌어왔다. 새로운 시대에 맞는 조직에 대한 탐구에 앞서 지금까지 조직의 변천 흐름을 짚어볼 필요가 있다.

조직 1.0_ 분업화·전문화 조직

20세기 초반에 본격 등장한 현대적 조직은 과학적 관리를 표방하는 테일러주의와, 포드자동차가 도입한 컨베이어 벨트로 상징된다. 현대적 조직의 원형이라고 할 수 있는 이 형태는 노동자 개인의 생산성을 높임으로써 조직의 효율성을 극대화하는 것을 목표로 하며, 이는 분업화 및 전문화를 통해 달성된다. 생산성 증대라는 목표 달성을 위한 조직 운영의 기본 원리는 근대적인 군대 조직의 명령·통제 시스템을 기반으로 한다.

조직 2.0_ 대기업 조직

2차 세계대전을 전후로 현대 조직은 질적으로 도약한다. 다양한 업종과 시장으로 다각화하고, 방대해진 조직을 효율적으로 관리하는 전략, 재무, 마케팅, 인사 등 기능 조직의 전문화가 이루어진 것이다. 이렇게 형성된 대기업 조직은 개별 상품이나 업종의 부침에 영향을 받지 않는 지속적 경영 기반을 갖춘다. 조직과 사업의 지속성을 위해 인적자원 및 조직개발의 중요성이 대두되고 체계적 선발, 훈련, 육성 프로그램이 가동된다. 이런 변화 기반에는 조직 차원의 효율성을 추구하는 시스템 이론이 깔려 있다.

조직 3.0_ 글로벌 조직

1970년대부터 미국, 일본, 유럽의 대기업들은 자국 시장의 한계를 넘어 해외 시장 진출을 본격화한다. 한국, 대만, 싱가포르 등 후발 산업국가들도 1980~1990년대를 지나면서 이 대열에 동참한다. 인수합병 등을 통한 글로벌 성장을 위해 조직들은 핵심인재와 리더십 개발 등에 총력을 기울이고 이문화 경영을 강조한다. 3.0 조직들은 경쟁우위를 확보하기 위해 기술, 품질, 마케팅 혁신에 투자하고, 지속적 개선을 위한 변화 관리를 중시한다.

조직 4.0_ 애자일 조직

21세기로의 전환을 전후로 과거에 존재하지 않던 새로운 조직들이 생겨난다. 대표적인 것이 실리콘밸리의 스타트업 기업들이다. 물리적 세계와 가상 세계의 융·복합화를 통해 새로운 기회를 창출하기 위해서는 유연성, 민첩성이 제일 중요하다. 최근에는 글로벌 대기업들도 이런 변화의 방향에 동참하고 있다. 디지털 역량에 기반한 수평적인 조직문화를 강조하는 것이 4.0 조직의 가장 큰 특징이다. 이들 조직은 기존의 것을 개선하기보다는 위험 감수를 통해 끊임없이 새로운 시도를 하는 것이 생존의 전제라고 믿는다.

20세기 기술과 사회적 패러다임에 최적화된 조직이 21세기에도 그대로 살아남기는 어렵다. 큰 조직이라고 다를 것 없다. 한국 사람들은 이 사실을 이미 20년 전 몸소 경험했다. 새천년으로 가는 문턱에서 외환위기라는 파도 앞에 쟁쟁하던 대기업들이 하루건너 무너지고 수많은 사람들이 길거리로 내몰렸던 경험은 아직도 많은 중·노년층과 가족들에게 트라우마로 남아 있다.

한국개발연구원KDI이 2017년 말 성인 남녀 1,000명을 대상으로 실시한 조사에서 가장 많은 57.4퍼센트의 응답자가 '지난 50년 간 한국경제가 가장 어려웠던 시기'로 1997년 외환위기를 꼽았고, 10명 중 6명은 외환위기가 본인의 삶에 부정적인 영향을 미쳤다고 생각한다고 답했다.

여기에 한국이라는 나라가 지닌 근원적 불리함도 생각하지 않을 수 없다. 미국, 중국, 일본 등 강대국 사이에 낀 지정학적 특성, 분단국가라는 현실, 낮은 부존자원, 높은 무역 의존도 등의 요인들이 있다.

삼성경제연구소가 2010년 발표한 연구에 따르면, 성장 정체에 접어든 국내 기업이 5년 내에 퇴출될 확률은 무려 40퍼센트에 달한다. 반면 해외 기업들의 경우 이 수치가 평균 14퍼센트에 불과하다. 풀어서 말하면 우리 기업들은 해외 기업들하고 비슷한 수준으로 경영하면 망할 확률이 3배 가까이 높다는 얘기다. 살아남기 위해 더 많은 노력, 더 빠른 변신, 더 예리한 관점을 필요로 한다는 의미다.

다가오는 미래의 핵심은 기술이다. 그러나 기술을 활용하는 것은 조직이다. 조직의 역량이 뛰어나지 않으면 좋은 기술이 있을 수도 없겠지만, 있다 한들 제대로 활용하기 어렵다. 따라서 미래를 대비하는 기업들은 기술 자체보다는 조직을 바꾸는 능력이 필요하다. 비유하자면 알을 낳는 것은 닭이 할 일이고, 양계장 주인은 닭이 알을 잘 낳을 수 있도록 환경을 만들어주어야 하는 것과 같다.

더불어 오늘날 조직들이 처한 환경을 잘 생각해야 한다. 평화와 안정의 시대에는 시스템과 제도가 가장 중요한 역할을 하지만 전쟁과 혁명의 시기에는 비전과 새로운 시도로 불확실성을 돌파할 수 있듯, 지금 우리 조직들에게 필요한 것은 변화에 대한 유연함, 스피드, 방향성이다.

인공지능과 로봇 활용의 확산으로 일자리가 줄어들 것이라는 예측이 지배적이다. 없어지는 일자리 이상으로 새로운 일자리가 생길 것이라는 주장도 만만치 않다. 직업의 미래에 대한 예측이 엇갈린다. 존재하는 직업 중 무엇이 없어질지 예측하는 것은 분석의 영역이고, 아직 존재하지 않는 어떤 직업이 생길지는 상상의 영역이기 때문에 이 논쟁에는 답이 있을 수 없다.

그러나, 없어지는 일자리 이상으로 더 많은 새로운 일자리들이 생겨난다고 해도, 그것은 총량적인 관점이다. 그 과정에서는 많은 조직이 변화에 적응하지 못하고 파산하거나 합병을 당하고, 준비되지 않은 인력들은 일자리를 잃고 오랜 기간 실직의 고통을 겪을 것이다. 중요한 것은 조직이 일자리를 만든다는 것이다. 조직에 대한 고민이 필요한 이유다.

가젤 같은 아프리카 초식동물들은 눈이 얼굴 양 옆으로 달려 있다. 사자나 표범 같은 포식자들이 언제 달려들지 모르기 때문에 풀을 뜯어 먹다가도 언제든 도망칠 수 있어야 하기 때문이다. 포식자들은 눈이 멀리, 앞을 보도록 진화했다. 재빠르게 도망가는 초식 동물을 어떻게 쫓아야 할지 사전에 시뮬레이션하기 위함이다. 포유류의 눈의 위치를 보면 그 동물의 생존 방식을 어느 정도 점쳐볼 수 있다.

사람은 눈이 앞을 보도록 되어 있다. 멀리 보도록 진화했다는 뜻이다. 우리는 '도망치는' 삶이 아니라 '내다보는' 삶을 위해 준비를 해야 한다.

조직 차원의 변화의 필요성에 대한 인식이 갖추어졌다면 다음은 방법(How-To)이 문제다. 조직은 매우 복잡한 현상이기 때문에 핵심에 집중하지 않으면 원하는 변화를 만들어내기 어렵다.

이 책은 미래에 '조직의 역량'이 어떻게 탈바꿈해야 하는지를 살펴보고, 아울러 현장의 실무자와 조직의 리더들에게 '인재' '문화' '리더십'이라는 각각의 키워드에 맞추어 구체적인 청사진을 제시하려는 목적으로 썼다. 다가오는 미래의 모습에 먼저 대비하고 그것을 실천하고 있는 기업과 리더의 사례를 많이 들려고 노력했다. 독자들이 막연한 미래를 걱정하기보다는 미래의 모습에 맞추어 차근차근 준비하는 데 이 책이 조금이라도 도움이 된다면 더 바랄 것이 없겠다.

김성남

차례

1장

조직역량: 최적화를 위해 끊임없이 갈아타라

4장
리더십: 혁신의 시작과 끝은 다름 아닌 리더에 달렸다

1장

조직역량:
최적화를 위해
끊임없이 갈아타라

변화의 파고를 견뎌내는 힘, 조직역량

　　물리학, 경영학, 인문학 등 여러 분야를 섭렵한 서울대학교 윤석철 명예교수는 1991년 저서 《프린시피아 매네지멘타》에서 '기업 생존 부등식'이라는 개념을 제시했다. 고객이 느끼는 가치value보다 가격price을 낮게 책정해야 하고 원가cost는 가격보다 낮게 유지하라는 것이다. 이것은 기업의 생존을 위한 '최소 조건'으로 이를 충족시키지 못하면 존속 자체가 성립되지 못한다는 의미다. 사회 공헌이나 세계 평화와 같은 고귀한 가치를 추구하더라도 이 부등식의 성립 범위에서만 기업으로서 존재할 수 있다.

　　요즘은 기업 생존 부등식에 한 가지를 추가해야 한다. 바로 '시간timing'이라는 변수다. 모든 경영자의 공통적 과업 중 하나는 회사가 망하지 않도록 하는 것이다. 그러나 요즘 사회 변화 속도를 보면 회사가 망하지 않는 것이 오히려 이상할 정도다. 전통적인 경영전략은 기업이 창업, 성장, 성숙, 쇠퇴의 사이클을 거치고 각 단계가 상당한 시간을 거치는 것으로 가정한다. 그런데 이 가정은 점차 들어맞지 않는다. 갈수록 기존 기업이 망하는 데 걸리는 시간이 짧아지고 있다는 사실이 이를 증명한다.

기업의 수명이 짧아지고 있다 ———

세계적인 컨설팅 기업 보스턴컨설팅그룹은 1950년 이후 상장기업 3만5,000개를 분석한 결과 평균 수명이 30년 정도임을 밝혔다. 2015년 기준으로는 한 해 평균 10개 중 1개 회사가 피인수, 파산, 폐업의 길을 걷는데, 이는 50년 전과 비교해 4배 빠른 속도다. 글로벌 신용평가기관 스탠다드앤푸어스의 분석 결과는 더욱 비관적이다. 2015년 기준으로 보면 기업 평균 수명이 15년밖에 되지 않는다는 것이다.

한국 상황도 별반 다르지 않다. 2014년 기준, 우리나라에는 100년 이상 역사를 가진 기업이 딱 7개 있다.[1] 50년 이상 존속하는 기업은 전체 기업의 2퍼센트 수준이다. 자산 규모 100억 원을 넘긴 기업 3만여 개를 대상으로 분석한 결과, 평균 수명은 17년에 조금 못 미치는 것으로 나타났다.

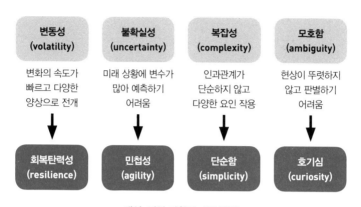

변동성 (volatility)	불확실성 (uncertainty)	복잡성 (complexity)	모호함 (ambiguity)
변화의 속도가 빠르고 다양한 양상으로 전개	미래 상황에 변수가 많아 예측하기 어려움	인과관계가 단순하지 않고 다양한 요인 작용	현상이 뚜렷하지 않고 판별하기 어려움
회복탄력성 (resilience)	민첩성 (agility)	단순함 (simplicity)	호기심 (curiosity)

개인, 기업 차원의 대응 방향

기업 수명이 갈수록 짧아진다는 것은 그만큼 세상이 빨리 바뀌고 예측하기 힘들다는 얘기일 것이다. 지난 30년간 예측하기 어려워진 시대의 특징을 잘 설명하는 개념이 바로 '뷰카^{VUCA}'다. 변동성^{Volatility}, 불확실성^{Uncertainty}, 복잡성^{Complexity}, 모호성^{Ambiguity}의 영어 앞 글자를 딴 이 용어는 원래 군사 전문가들이 만들어낸 말이다. 지난 1990년대 초반부터 공산권이 무너지고 냉전 시대가 끝나면서 과거 공산진영 대 자유진영이라는 흑백논리적인 세계관으로는 더 이상 해석되지 않는 복잡한 시대라는 의미다. 이 개념은 군사, 정치, 국제관계를 넘어 빠르게 여러 분야에 적용되었고 급기야 4차 산업혁명을 대표하는 세계관으로 자리 잡았다. (〈표 1-1〉 참조)

예를 들어보자. '변동성'은 기업을 둘러싼 경영 환경이 예상하기 어렵게 바뀌는 것을 말한다. 통상 1년 단위로 경영 계획을 수립하고 실천하는 기업 입장에서는 자주 바뀌는 환경이 달갑지는 않다. 고심해서 세운 계획이 새로운 트렌드, 경쟁사의 등장, 표준의 변경 등으로 물거품이 될 수 있기 때문이다. 그러나 예상치 못한 변화는 모든 기업에게 공통의 도전을 던져주기 때문에 이를 잘 극복함으로써 경쟁우위로 삼을 수도 있다.

이와 관련해 요구되는 대응 방향은 '회복탄력성' 또는 '복원력'이라고도 하는데, 이것은 외부 충격이나 예상치 못한 상황에서도 당황하지 않고 대응하는 능력을 의미한다. 마찬가지로 뷰카 세계의 다른 특징, 즉 불확실성, 복잡성, 모호함 등에 대해서도 민첩성, 단순함, 호기심과 같은 키워드를 가지고 대응하는 것이 중요하다.

탁월한 조직역량이란 무엇인가 ───

미국에는 항공사가 많기도 하지만, 그동안 망해서 없어진 항공사는 그 몇 배가 된다. 아직 영업을 하고 있는 주요 항공사도 지난 25년간 1번 이상 파산신청을 하지 않은 기업이 거의 없을 정도다. 그런데, 유일한 예외가 있다. 바로 사우스웨스트항공 Southwest Airlines이다. 도대체 이 회사는 어떻게 한 번도 망하지 않고 잘

버틴 것일까?

미국 유타대학교 경영대학원 제이 바니[Jay Barney] 석좌교수는 2015년 국내 언론과의 인터뷰에서 그 비밀이 이 회사만의 독특한 조직역량에 있다고 했다.[2] 바니 교수는 탁월한 조직역량이 '브리오[VRIO]'라는 특성을 갖는다고 강조한다.

- 가치[Valuable]: 고객이 비용을 지불할 이유가 있음
- 희소성[Rare]: 상대적으로 높은 가격을 받을 수 있음
- 모방 난이도[un-Imitable]: 경쟁우위를 유지할 수 있음
- 역량 중심 조직화[Organized]: 경쟁우위를 지속적으로 유지할 수 있음

조직역량의 종류는 매우 다양하다. 혁신적인 제품을 만드는 것, 매력적인 브랜드 이미지를 구축하는 것, 적은 비용으로 품질 좋은 제품을 생산하는 것, 상품을 빠르고 정확하게 배송하는 것 등이 모두 조직역량이다. 경쟁에서 이기기 위해서는 여러 가지 조직역량이 필요하다. 그러나 모든 조직역량을 최고 수준으로 가져가는 것은 불가능하다. 선택과 집중이 필요하다. 블루오션[Blue Ocean] 전략에서 말하는 '전략 캔버스[Strategy Canvas]' 개념을 생각해보면 쉽다.

스마트한 기업들은 몇 가지 조직역량은 세계적 수준으로 가져가되 다른 조직역량은 평균에 뒤지지 않을 정도의 수준을 유지한다.

예를 들어, 아마존은 고객 니즈 대응능력, 의사결정 스피드, 물류 운영 역량 등은 세계 최고 수준이지만 다른 실리콘밸리 기업들처럼 유연하고 수평적인 조직문화를 가진 회사는 아니다.

조직역량은 기업의 자산인가 부채인가 ────

이렇게 본다면 조직역량은 기업의 성공을 가져오는 눈에 보이지 않는 자산[assets]이다. 그러나 때로는 부채로 작용하기도 한다는 것이 반전이다. 한때 조직의 성공을 가져왔던 강점이 상황 변화에 따라 실패의 원인이 된다는 의미다. 대표적인 사례가 코닥[Kodak]이다. 흔히 코닥의 실패가 디지털로의 변화에 대응하지 못해서라고 하는데 그것은 전혀 사실이 아니다. 이 회사는 1975년에 세계 최초의 디지털카메라를 만들었고, 최근까지도 디지털카메라 제조업체에 센서[CCD]를 제공했으며, 관련 특허를 대량으로 보유하고 있다. 오히려 코닥의 실패는 탁월한 아날로그 필름 관련 기술 및 상품화 역량이 부채로 작용했기 때문이라고 보는 것이 맞다.

조직역량은 무조건 크고 많은 것이 능사가 아니다. 외부 환경, 회사 전략에 따라 최적화해야 한다. 때로는 과거의 성공을 가져왔던 조직역량을 포기하고 새로운 조직역량으로 갈아타는 선택이 필요하다. 그러나 코닥의 사례에서 볼 수 있듯이 조직역량을 갈아타는 것은 쉽지 않다는 것이 문제다. 부족한 역량을 강화하는 데도 오랜 시간이 걸리지만 한번 형성된 강점은 또한 쉽사리 대체할 수 있는 것이 아니다.

예를 들어, 패키지 여행사의 경우 전통적으로 대리점을 통한 모객 역량이 핵심이었기 때문에 얼마나 탄탄한 대리점 망을 가지고 있느냐가 매출로 직결되었다. 그러나 2000년대 초 인터넷을 통한 직접 모객이 가능해지면서 '노랑풍선' 등 직접판매 여행사들이 빠르게 성장하면서 기존 대리점 영업 방식을 고수하던 업체의 시장을 잠식한 것이 좋은 사례다.

잘 바뀌지 않는다는 조직역량의 특성은 4차 산업혁명 시대에 큰 문제가 된다. 기술, 시장, 사회의 빠른 변화가 기존의 조직역량을 진부하게 만들기 때문이다. 중요하게 생각했던 조직역량들이 새로운 비즈니스모델, 혁신기술, 알고리즘에 의해 간단히 대체된다. 마켓 리서치, 재무 분석, 신제품 개발, 품질 관리 등의 조직역량은 빅데이터와 인공지능의 도움으로 평준화되어 차별화 포인트가 되기 어려울 것이다.

정적 역량과 동적 역량 ──

이런 어려움 속에서 기업들은 쉽게 자동화되지 않고 모방하기 어려운 새로운 조직역량을 끊임없이 찾아야 한다. 모방하기 어렵고 조직에 깊숙이 내재화된 조직역량으로서 구성원들의 일하는 방식, 열정적인 조직 분위기, 빠르고 혁신적인 문제해결 능력 등이 중요해진다.

비디오 대여업으로 시작해 10여 년 만에 세계 영화 시장, 콘텐츠 시장, 인터넷 시장을 뒤바꾼 넷플릭스^{Netflix}는 핵심가치와 행동강령을 담은 기업문화 지침서를 인터넷에 일찌감치 공개해버렸다. 왜 그랬을까? 공개하더라도 다른 기업들이 쉽사리 따라 할 수 없을 것이라는 확신 때문이다.

구글^{Google}은 최고의 엔지니어를 선발하고 유지하는 데 탁월함을 유지해 왔다. 이런 조직역량은 누구나 중요하다는 것을 알지만 쉽게 내재화하기 어렵고 지속적으로 탁월함을 유지하기 위해 노력해야 한다.

조직역량은 동적인 것과 정적인 것으로 구분해볼 수 있다(〈표 1-2〉). 정적인 역량은 표준, 프로세스, 매뉴얼 등 형식지의 형태로 존재하는 경우가 많기 때문에 자료를 통해 확보할 수 있으며 사람이 바뀌더라도 쉽게 사라지지 않는다. 정적인 역량은 결정화된 지식과

정적 역량(Static Capability)	동적 역량(Dynamic Capability)
• 주로 형식지 형태로 존재	• 주로 암묵지 형태로 존재
• 상대적으로 단기간에 역량 확보 가능	• 확보가 어렵고, 확보 여부 판별이 쉽지 않음
• 한 번 확보하면 사라지지 않음	• 지속적으로 유지 노력을 해야 함
• 마케팅, 재무관리, 전략기획 등 역량	• 변화관리, 혁신능력, 직원 몰입, 사업가 정신 등

경험의 집합체로서 기업 경영의 기본이 되긴 하지만 경쟁사들도 그 정도 수준은 어렵지 않게 달성할 수 있기 때문에 차별화 포인트가 되기는 어렵다는 한계가 있다.

반면, 혁신 및 변화관리 능력, 직원들의 몰입, 사업가 정신과 같은 동적역량은 확보하기는 어렵지만 다른 기업들이 쉽게 흉내 내기 어려운 조직역량으로 영속적인 경쟁우위를 가져다줄 수 있다. 따라서 조직역량에 접근할 때 우리 회사가 정적 역량과 동적 역량 중 어떤 면에 좀 더 강화가 필요한지 먼저 판단할 필요가 있다.

이제, 한 치 앞을 예측하기 어려운 변화의 시대에 기업들이 공통적으로 갖추어야 할 네 가지 조직역량에 대해 하나씩 살펴보자. 이

네 가지 조직역량을 강화하고 활용함으로써 성공적으로 조직을 트랜스포메이션하는 기업이 4차 산업혁명에서 승리할 것이다.

재빠르게 방향을 바꾸는 민첩성

세계경제포럼의 클라우스 슈바프 회장은 《제4차 산업 혁명》이라는 책에 "큰 물고기가 작은 물고기를 잡아먹는 시대에서 빠른 물고기가 느린 물고기를 잡아먹는 시대로 바뀐다"라고 썼다.

세계적인 광고대행사 사치앤사치Saatchi & Saatchi의 전 CEO 케빈 로버츠Kevin Roberts는 한술 더 떴다.

"마케팅은 죽었다. 마케팅의 역할도 달라졌다. 이제 더 이상 새롭다고 할 만한 것이 없다. 이제는 스피드와 속도가 모든 것이다. 마케팅이 할 일은 변화를 만들어내고 사람들이 그 변화를 따르도록 하는 것뿐이다."[3]

두 사람은 모두 스피드, 속도, 빠름을 강조했다. 빠른 조직이 살아남는다는 것이다. 전쟁의 폐허를 딛고 일어나 압축 성장을 일구었고 몸속에 '빨리빨리' DNA를 가지고 있는 한국인에게 속도 경영은 새롭지 않다. 일례로 삼성이 '스피드 경영'이라는 말을 쓴 것이 벌써 20년 전이다. 지난 1990년대 중반 삼성 사업장에는 '먼저, 빨리, 제때, 자주'라는 구호가 붙어 있었다.

'방향을 바꾸는 속도'가 빨라야 한다 ———

그러나 오늘날 '빠르다'는 의미에는 부연이 필요하다. 변혁의 시대에 살아남는 기업들에 요구되는 것은 정해진 일을 짧은 시간에 한다는 의미에서의 속도가 아니다. 필요한 것은 '방향을 바꾸는' 속도다. 스포츠로 비유를 한다면 100미터를 0.1초 더 빨리 뛰는 차원이 아니라 미식축구 공격수가 태클을 거는 수비수를 따돌리기 위해 재빠르게 방향을 바꿔 뛰는 것과 같은 민첩함^{agility}이 중요한 것이다. '속도'가 가진 원래 의미에 플러스 알파가 있는 것이다.

이런 민첩함의 중요성을 강조한 최근의 경영 방식이 린 스타트업^{Lean Startup}이다. 실리콘밸리의 벤처 사업가 에릭 리스^{Eric Ries}가 자신의 사업 경험을 바탕으로 고안한 이 경영 방식에는 사실 새로울 것이 별로 없어 보인다. 토요타가 수십 년간 축적한 린 경영^{Lean Management} 기법, 소프트웨어 개발 프로세스의 하나인 애자일^{Agile} 방법론, 새로운 아이디어를 혁신적으로 활용하는 디자인 사고^{Design}

〈표 1-3〉
린 스타트업 프로세스 개념

가설을 폐기하기로 결정하고 다시 아이디어 단계로 돌아감

피벗(Pivot)

아이디어	가설	설계	테스트	판단	출시
비즈니스 기회로 만들어 볼 만한 아이디어 도출	아이디어를 검증 가능한 가설 형태로 구조화	최소한의 시간과 노력으로 가설 검증 위한 준비	가설대로 작동하는지 여부를 테스트로 확인	테스트 결과에 따라 유지 또는 폐기 여부 결정	가설을 유지하기로 결정하고 개발 및 상품화 돌입

출처: 《린 스타트업》 에릭 리스

Thinking 등을 접목한 것이다.

그러나 린 스타트업만의 고유한 개념이 있는데, 그것이 바로 '방향전환Pivot'이다. 방향전환은 당초 예측과 다른 결과가 나왔을 때 무엇이 잘못되었는지를 확인하고 재빨리 방향을 바꿔 새로운 시도를 하는 능력이다. 복잡하고, 변동성이 높고, 불확실한 환경에서는 완벽한 계획이란 것이 어차피 불가능하기 때문에 어느 정도 타당한 아이디어를 빨리 시도한 후 시행착오를 통해 배우는 것이 더 낫다는 것이다.

점진적 혁신은 실패로 가는 길이라는 주장도 점차 설득력을 얻고 있다. 마크 엡스타인Marc Epstein 미국 라이스대학교 경영대학원 교수와 토니 다빌라^{Tony Davila} 스페인 IESE 경영대학원 교수는 2014년 《혁신 패러독스^{The Innovation Paradox}》라는 책을 통해 노키아, 블랙베리 등 기업의 몰락 원인을 '점진적 혁신'에서 찾았다. 흥미로운 것은 노키아가 애플보다 훨씬 많은 돈을 연구개발에 투자하고도 실패했다는 점이다. 점진적 혁신은 기존 기술과 제품을 개선하는 데 집중하는 한편 파괴적 혁신은 시장 자체를 바꾸는 돌파구를 만들어낸다. 점진적 혁신과 파괴적 혁신이 만나면 파괴적 혁신이 이긴다는 얘기다. 이 책에서는 파괴적 혁신을 추구하여 성공한 기업 또는 비즈니스로 애플 외에 페이스북, 아마존, 네스프레소, 알리바바 등의 예를 들고 있다.

네슬레^{Nestle}의 네스프레소^{Nespresso} 사례를 잠깐 살펴보자. 전통의 소비재 강호였던 네슬레는 기존 데이터를 바탕으로 가정용 커피머신 시장이 존재한다는 확신을 갖고 1980년대 중반에 네스프레소를 개발했다. 그러나 처음 몇 년 동안은 고전을 면치 못했다. '평범한 사람들도 숙련된 바리스타가 만든 것처럼 완벽한 커피를 즐길 수 있도록 한다'는 가치를 구현하기 위해 기계와 커피캡슐을 함께 파는 방식을 선택했지만, 네스프레소 머신은 가전제품이고, 커피는 기존의 주력제품이 아니었기 때문이다.

이에 기존 고객과는 다른 새로운 소비자층을 공략하기 위해서는 고급 백화점 등에 숍인숍^{shop in shop} 형태의 매장을 진출했다. 이 아이디어는 적중하여 1990년대 들어 빠르게 시장을 키워나갔다. 그리고 2000년대 초반에 미국과 유럽 시장에서 성장이 한계에 부딪히자 아시아 시장으로 진출하여 폭발적인 성장을 다시 한 번 이끌어냈다.

이와 같이 네슬레는 가치 제안, 타깃 고객, 판매 채널, 가격 전략 외에도 커피머신 개발을 위한 파트너십, 차별화된 캡슐 생산을 위한 특허, 지속적으로 새로운 수익원 발굴 등 새로운 혁신 아이디어를 끊임없이 찾아내 성공을 지속시켰다.

방향을 바꾸어 기회를 포착한다 ─────

세계적인 경영 석학 헨리 민츠버그Henry Minzberg 교수는 이미 20여 년 전에 "기업들을 조사해 보면, 계획에 의한 공식적인 전략의 90퍼센트는 실제로 실행되지 않는다"라고 언급한 바 있다. 지금 곱씹어 보면 방향 전환의 중요성을 다르게 표현한 것임을 알 수 있다.

기업들은 통상 1년 단위로 경영계획을 수립한다. 지난해 실적을 점검하고, 내외부 환경을 검토하고, 다음 연도 및 3~5년 중장기 사업에 대한 청사진을 그린다. 경영진, 중간관리자, 현장 실무자들이 이를 위해 상당한 시간을 쓰고 많은 보고서와 시뮬레이션 모델이 만들어진다. 그러나 막상 계획을 실행하려고 보면 트렌드 변화, 새로운 경쟁사 출현, 지정학적 변수, 운영상의 문제 등 생각지 못한 변수들이 터져나온다. 관리자들은 어떻게든 약속한 숫자를 맞추기 위해 고군분투한다. 그러나 달라진 환경에서 기존의 계획을 고수하는 것은 득보다 실이 많다는 것을 깨닫게 된다. 방향 전환이 필요함을 절감한다.

원래의 계획을 바꾸는 것은 비즈니스에서 흔한 일이다. 다만, 조직이 크면 클수록 계획대로 가는 것을 좋아하는 경향이 있을 뿐이다. 예상치 못한 변수와 실패 앞에서 좌절하지 않고 민첩한 새로운 방향을 개척해낸 성공 사례를 살펴보자.

그루폰Groupon의 창업주 앤드류 메이슨Andrew Mason은 원래 2007년 더포인트The Point라는 모금 사이트를 만들었다. 특정 봉사 또는 사회공헌 프로그램에 공감하는 사람들이 온라인으로 투표를 해서 목표한 수치를 넘으면 해당 기관에 실제로 자금 지원을 연결해주는 개념이었다. 메이슨은 같은 개념을 할인행사에 적용해 보았다. 외식, 쇼핑, 활동 등에 관심을 가진 사람들이 충분히 모이면 할인 프로모션을 제안하는 방식이다. 사람들이 그룹을 만들어 할인 쿠폰을 발행한다는 그루폰(그룹+쿠폰) 모델이, 주력 사업으로 생각했던 더포인트의 인기를 능가하자 메이슨은 그루폰에 집중하여 성공을 거두었다. 그루폰의 비즈니스 모델은 오늘날 수많은 마이크로 펀딩 비즈니스의 효시 격이다.

한국 가수 싸이^{PSY}를 세계적 스타로 만들어준 동영상 공유 사이트 유튜브 YouTube는 애초 온라인 데이트 매칭으로 사업을 시작했다. 처음에는 반응이 시원치 않았다. 그러나 비슷한 데이트 매칭 사이트와는 달리 동영상을 공유할 수 있는 기능은 차별화가 가능한 포인트였다. 그래서 사이트 기능의 일부였던 동영상 공유를 핵심 서비스로 바꿔 다시 출시했는데, 결과적으로 이 서비스가 큰 성공을 거둔 것이다.

이런 방식은 유튜브를 인수한 구글에서도 애용한다. 구글은 신제품이나 서비스를 완벽하게 만들어서 출시하지 않고 일단 베타 버전으로 만들어 출시한 뒤 사용자의 피드백을 반영해 지속적으로 업그레이드하거나 바꾸는 것이 관행이다. 오늘날 이런 방식은 실리콘밸리에서는 '출시 후 개선launch & interate'이란 개념으로 정착되었다.

스타벅스는 2016년 말 기준 전 세계에 약 2만5,000개의 매장을 지닌 세계 최고의 커피 체인이다. 그러나 스타벅스가 처음부터 커피 체인으로 시작한 것은 아니었다. 이 회사의 창업주 하워드 슐츠

Howard Schultz는 원래 1971년 에스프레소 머신과 커피 원두 사업으로 시작했다. 10년 이상 이 사업을 영위하던 슐츠는 1983년 이탈리아에서 유럽식 커피와 카페 문화를 접하고는 미국에는 없었던 커피하우스 컨셉을 도입한 스타벅스 커피숍을 오픈했다. 미국에서의 성공을 발판으로 글로벌 확장에도 성공했고, 이후에는 커피가 아닌 다양한 음료를 시도했으며, 최근에는 커피보다는 ICT 능력을 바탕으로 경쟁사와 차별화를 하고 있다.

동일본여객철도는 철로 부설을 위해 도쿄에서 190 킬로미터 떨어진 다니가와산 터널 굴착 공사 중 누수로 인해 터널에 물이 고여 교착 상태에 빠졌다. 어느 날 작업 중이던 한 직원은 목이 말라 고인 물을 떠서 마셨다. 물맛이 너무 좋아 동료들에게 권했고, 상사에게 보고했다. 눈 녹은 물이 지층으로 스며들어 풍부한 미네랄 덕에 물맛은 그만이었던 것. 이 제안은 결국 경영진까지 전달, '오시미즈 워터'라는 먹는 샘물 브랜드로 탄생했다. 철도역 자판기에서 팔기 시작, 인기몰이 끝에 전국으로 판매망을 넓혀, 생수로만 연 매출 850억 원을 기록했다.

유니콘 기업 직원들이 일하는 속도 ────

비즈니스 세계에서 시계가 빨리 돌아가는 것이 나쁜 것만은 아니다. 한계기업, 민첩성이 부족한 기업들이 빨리 망하기도 하지만 잘하는 기업들은 그만큼 빨리 클 수 있기 때문이다. 세계적인 비즈니스 혁신의 중심지 미국 실리콘밸리에서는 기업가치 1조 원대를 찍은 스타트업을 '유니콘Unicorn'이라고 부른다. 전통적 산업에서는 대기업 주력 계열사에서나 가능한 숫자였고 그나마 업력이 몇 십 년 쌓여야 겨우 도달하는 규모였다. 그러나 유니콘 기업들은 다르다.

2010년 기준 세계적으로 30개였던 유니콘 기업은 2016년 3월 기준 216개에 달했다. 이들이 유니콘 기업이 되는 데 걸린 시간은 평균 6년에 불과하다. 그러나 아쉽게도 '유니콘 현상'은 다분히 미국과 중국에 집중되어 있다. 물론 이 두 나라가 세계에서 가장 큰 시장을 가지고 있다는 점도 사실이지만, 세계 전체 유니콘 기업의 4분의 3 정도가 이 두 나라에 편중되어 있다. 특히 2016년에 탄생한 유니콘 기업의 68퍼센트는 중국 기업이다. 반면 2016년 3월 기준 한국의 유니콘 기업은 쿠팡, 옐로모바일, CJ게임즈 등 3개에 불과했다.

스타트업으로 시작해서 빛의 속도로 성장하는 기업들을 보면 전

〈사진 1-4〉 페이스북 CEO 마크 저커버그가 직원들과 해커톤에 참여하는 모습

략, 기술, 비즈니스 모델 측면의 강점도 있지만 임직원들의 일하는 속도가 빠른 것이 공통적이다. 이것을 잘 보여주는 사례는 스타트업으로 시작, 이제는 글로벌 공룡 기업이 된 페이스북이다. 2017년 2분기 기준 '월활동사용자MAU, Monthly Active User' 20억 명을 돌파한 이 회사가 직원들에게 기대하는 것은 '빠르게 행동하고 기존의 것을 파괴move fast and break things'하고 '대담하게 위험을 감수be bold and take risks' 하는 것이다. 사람을 키우는 방식도 지식 전달이나 강의실 수업이 아니라 게임이나 콘테스트를 통한다. 방향을 180도 바꾸어 움직일 수 있도록 민첩해지는 데 집중한다. 처음 입사한 직원은 6주간의 부트캠프 과정을 통해 페이스북 문화와 스피드에 적응한다. 직원들은 해커톤Hackathon이라고 하는 특유의 문제해결 과정을 통해 역량을 키

운다. 현재의 부서에서 더 이상 성장이 없다고 생각하면 스스로 옮길 부서를 찾으면 된다.

스타트업 기업들이 무서운 기세로 자라나는 사이 글로벌 대기업들도 가만히 앉아서 보고만 있지는 않는다. 유니콘 기업들은 새로운 시장을 만들기도 하지만 언제 기존 대기업들의 시장을 빼앗을지 모르기 때문에 가만히 있을 수가 없는 것이다.

세계적인 대기업들도 캘리포니아의 스타트업 생태계에서 탄생한 경영 방식을 배우기 시작했다. 대표적 사례가 GE다. 이 회사는 《린 스타트업》의 저자인 에릭 리스의 도움을 받아 이 방법론의 GE 버전이라고 할 수 있는 패스트윅스FastWorks 모델을 만들었다. 이 새로운 방식은 짧은 시간에 100년 이상의 역사를 가진 거대 기업의 일하는 방식을 근본적으로 바꾸고 있다. 강력한 최고경영진 후원하에 500여 개 이상의 신규 프로젝트에 적용되어 신제품 개발 사이클을 평균 30퍼센트 이상 단축하고 고객 대응 속도를 4배 이상 개선하는 등 GE를 기민한 조직으로 만들고 있다.

미래 조직의 역량 2.
끊임없는
새로운 시도

오늘날 글로벌 기술혁신을 선도적으로 이끌어가는 나라로는 미국과 독일이 꼽힌다. 그중에서도 특히 미국 실리콘밸리가 변화의 방향을 주도하고 있다. 사람들은 보통 실리콘밸리의 성공적인 면에만 주목하는 경향이 있다. 그러나 실제로 실리콘밸리 창업 기업들의 사업 성공 비율은 1퍼센트 정도밖에 되지 않는다. 한국의 벤처기업들이 실리콘밸리를 아무리 벤치마킹해도 성공률이 높아질 리가 없다. 오히려 실리콘밸리에서 배워야 할 것은 그렇게 높은 실패율에도 불구하고 계속 새로운 시도를 한다는 것이다. 실리콘밸리 기업들과 그 생태계의 차별점은 실패가 그냥 실패로 끝나지 않고 배우고 공유함으로써 같은 실패 확률을 줄인다는 점과 실패 비용이 낮다는 점, 즉 실패한 사람들이 재기할 수 있다는 점이다.

국내 인터넷 검색 시장은 지난 13년간 네이버^{Naver}의 독무대였다. 인터넷 및 검색엔진 데이터 전문업체 닐슨코리안클릭에 따르면, 2017년 8월 기준 네이버의 PC 검색 쿼리는 총 26억5,100만 개로 전체의 75.3퍼센트를 차지한다. 그러나 네이버의 위상이 처음부터 이런 것은 아니었다.

2000년대 초반까지만 해도 검색시장 강자는 야후^{Yahoo!}였고, 포털 1위는 다음^{Daum}이었다. 삼성SDS 사내 벤처에서 1999년 독립한 후발 주자 네이버가 야후와 다음에 도전하는 것은 계란으로 바위치기에 비유되었다. 돌파구를 찾지 못하면 회사가 망할 수도 있다는 위기감 속에 초창기 네이버 팀은 100가지도 넘는 아이디어를 내고 수많은 시행착오를 거쳐서 한국 시장에 맞는 비장의 한 방을 선보였다. 바로 2002년 출시된 '지식iN' 서비스다. '있는 데이터를 찾기보다는 질문을 통해 데이터를 만든다'는 발상의 전환과 공격적 마케팅은 출시 6개월 만에 네이버 이용자 수를 110만 명에서 848만 명으로 키웠다. 그 후의 역사는 모두가 아는 대로다.

새로운 시도를 통한 혁신은 일회성 이벤트여서는 안 된다. 언론을 통해 대박 성공 사례로 알려진 뒤 1~2년 후에 조용히 망하는 기업들이 많다. 혁신으로 인한 기업의 성공에 지속성까지 보장되는 것은 아니기 때문이다. 그래서 혁신은 계속되어야 한다. 새로운 시도는 끊어져서는 안 된다.

시도하고 실패하기를 반복한다 ———

경영전략과 혁신 분야의 권위자인 미국 다트머스대학교 비제이 고빈다라잔^{Vijay Govindarajan} 교수는 방대한 데이터에 대한 분석을 통해 이를 실증적으로 밝혔다. 지난 1960~2009년 사이 미국 증시 상장기업 2만 9,688개를 전수 조사한 결과 1970년 이전 상장기업의 5년 생존율은 92퍼센트, 2000~2009년 사이 상장기업은 63퍼센트임을 밝힌 것이다. 디지털 역량과 혁신적인 사업 모델을 갖춘 신생 조직들일수록 후발 주자의 모방으로 인해 생존의 위협을 받을 수 있고, 이를 피하려면 혁신을 계속하지 않으면 안 된다는 의미다.

한국의 현실도 별반 다르지 않다. 통계청 2015년 조사에 따르면 신생 기업 1년 평균 생존율이 62.4퍼센트, 2년 평균 생존율은 47.5퍼센트이었다. 스타트업의 절반이 2년을 채 버티지 못한다는 얘기다.

끊임없는 새로운 시도는 스타트업 기업의 전유물도 아니다. 단기 실적에 대한 과도한 집착과 실패에 대한 부담감만 없앤다면 대기업은 더 많은 자원과 역량을 바탕으로 차원이 높은 시도를 얼마든지 할 수 있다.

세계적인 화학 기업 바스프^{BASF}는 약 150년 전 창업 시부터 대학연구소와 협업을 통해 기술의 상업화를 함께 고민했다. 이는 19

세기 산업혁명의 후발 주자였던 독일이 과학기술 분야에서 세계를 선도하게 된 원동력이기도 하다. 사내에 1만 명 이상의 연구개발 인력이 있지만 외부 기관과 수많은 공동 프로젝트를 통해 10년 걸릴 일을 5년으로 단축하려고 노력한다.

글로벌 자동차 제조업체 '빅 5' 중 하나인 포드^{Ford}는 2016년 3월 이동성^{mobility} 분야의 디자인, 연구개발, 투자를 전담할 자회사 '포드 스마트 모빌리티'를 실리콘밸리에 세웠다.

1847년부터 궐련 담배를 생산, 판매하고 있는 필립모리스는 170년간 팔아온 제품을 궁극적으로 대체할 신제품 아이코스^{iQOS}를 출시하고 '담배 연기 없는 미래'를 선언했다.

새로운 시도를 하기 위해서 꼭 모든 돈, 기술, 자원을 조직 내부에 보유하고 있어야 하는 것은 아니다. 4차 산업혁명 시대의 혁신이 과거와 다른 점은 그전까지 산업혁명에서 이뤄낸 모든 지식, 기술, 성과를 연결, 융합해 새로운 기회와 부가가치를 창출한다는 점이다. 이런 방식은 무에서 유를 창조하는 방식의 혁신과도 다르고 남의 혁신을 충실하게 베끼는 것과도 다르다.

4차 산업혁명 시대의 혁신에는 기존의 혁신을 새롭게 응용·확장·연결·업그레이드하는 능력이 중요하다. 예를 들어, 아마존은 원래 인터넷으로 책을 주문받아 우편으로 배송하는 비교적 단순한 비즈니스 모델의 회사였다. 그러나 책에서 상품, 상품에서 물류, 물류에서 웹서비스로 연결된 시도를 지속한 결과 2016년 1분기 기준 아마존 전사 수익의 3분의 2가 웹서비스에서 나왔다. 아마존은 애초 웹서비스 사업 생각이 없었지만, 보유 역량을 사업화하다보니 그렇게 된 것이다.

에어비앤비^{AirBnB}, 우버^{UBER}는 더하다. 사업의 핵심 자산(숙박시설, 차량)을 소유하지 않고도 연결, 융합을 통해 비즈니스가 이뤄지는 프레임을 만들어냈다.

끊임없는 새로운 시도를 잘하는 기업으로는 화학 및 소비재 전문기업 쓰리엠^{3M}을 능가하는 기업이 거의 없다. 혁신과 관련하여 이 회사에는 신제품활력도지표^{NPVI, new product vitality index}라는 중요한 개념이 있다. 최근 5년 내 출시된 신제품이 전체 매출에서 차지하는 비중을 의미하는데, 회사가 어려울 때도 이 수치가 30퍼센트 이하로 떨어진 적이 없다고 한다.

스타트업의 경우는 취급하는 모든 것이 신상품이겠지만 100년 이상의 역사에 수만 가지 제품을 취급하는 쓰리엠 같은 회사에서 이 지표를 30퍼센트 이상으로 유지하려면 일상 자체가 혁신이 되지 않는 한 어렵다. 매년 300개 이상의 새로운 제품을 시장에 내놓아야 하기 때문이다.

이런 식으로, 혁신 역량을 바탕으로 4차 산업혁명을 주도하는 기업들은 지속적인 새로운 시도가 중요하다는 데 동의한다. 아마존의 CEO 제프 베조스^{Jeff Bezos}는 "주어진 시간 안에 최대한 많은 시도를 할 수 있도록 조직을 운영해야 한다"라고 말했다. 구글을 자회사로 두고 있는 지주회사 알파벳^{Alphabet}의 에릭 슈미트^{Eric Schmidt} 전 회장도 "우리 목표는 주어진 시간 안에 세계 어떤 기업보다 많은 안타를 치는 것"이라고 말한 바 있다.

반면, 우리 기업 풍토에서 혁신에 대한 관점은 너무 절박하고 과장되어 오히려 공감을 얻지 못하는 것은 아닌가 하는 생각이 든다. 혁신에 대한 말은 풍성하지만, 대개 '혁신 아니면 죽음' 식으로 위기의식만 강조하지 정작 혁신이 시도하고 실패하기를 반복하며 업무의 일상에 내재화하는 면은 소홀히 하고 있지 않은가? 그래서 혁신은 캠페인, 업무는 일상인 상태가 바뀌지 않는 것이 아닐까?

호기심을 가지고 '해보는' 분위기가 중요 ———

조직 안에서 끊임없이 새로운 시도가 이뤄지도록 하려면 무엇보다 먼저 필요한 것은 호기심이다. 상사가 시켜서, 목표기술서에 썼기 때문에 하는 일은 투입 대비 산출량을 늘이는 데나 효과적이지 새로운 시도를 하도록 하는 데 좋은 동기 부여 방식이 아니다.

지식이나 경험이 없는 것은 문제가 아니다. 21세기에는 지식을 머리에 구겨넣을 필요가 없다. 아무리 어렵고 복잡한 문제도 해결할 수 있는 도구와 플랫폼이 지천으로 널려 있다. 몇 분간 구글 검색만 해도 어마어마한 정보를 얻을 수 있다. 아니면 링크트인^{LinkedIn}이나 쿼라^{Quora} 같은 소셜네트워크를 통해서 물어보면 된다. 정보나 지식은 이미 희소한 자원이 아니다. 희소한 것은 새로운 시도를 해보고자 하는 사람의 관심과 열정이다.

그런데 그런 열정은 호기심에서 나온다. 애플이 아이팟을 만들수 있었던 것은 냅스터와 같은 음악 파일 공유 사이트가 늘어나고 불법 다운로드 관련 소송이 늘어나는 현상에 대한 호기심을 발전시킨 결과다. 레코드 레이블 업체들이 CD로 찍어서 파는 기존 대중음악 유통 모델을 대체할 수 없을지에 대한 질문에 대한 답이다.

세계 5대 기초과학 연구소로 꼽히는 이스라엘의 와이즈만 연구소를 10년 이상 이끌고 있는 다니엘 자이프만^{Daniel Zajfman} 소장은 "변화에 가장 잘 준비된 자는 호기심이 있는 사람"이라고 했다. 또한 "혁신을 원하는 집단에게 성과주의를 사용할 경우 위험할 수도 있다. 등수를 매긴다는 것은 답을 정해놓았다는 의미다. 정답과 목표치를 정해놓고 보상을 주는 한국식 성과주의는 혁신과 창의성을 키울 수 있는 기회를 빼앗는다"고 강조했다.[4]

또 중요한 것이 실천이다. '일단 해보는 것'이다. 실천은 호기심이 전제가 되어야 하지만, 호기심이 있어도 실천에 옮기지 못하는 경우는 있다. 실패에 대한 두려움, 자원 부족에 대한 우려, 아웃풋 이미지가 명확하지 않아서 등 이유는 많다. 그러나 답이 없을 때는 일단 해보는 것이 좋다. 현대그룹 창업자인 정주영 전 회장이 생전에 임직원들에게 입버릇처럼 많이 했다는 말이 있다. "자네, 해 봤어?" 사실, 이 한마디에 실천의 중요성이 모두 녹아 있다.

지난 2016년 GE의 제프리 이멜트^{Jeffrey Imelt} 전 회장이 방한했을 때 '디지털 산업 기업으로서 GE의 현 수준과 향후 행보'에 대한 질문을 받은 바 있다. 이멜트 회장은 "최종 목적지까지 50단계라고 할 때 현재 15단계 정도 와 있는 것 같은데, 그 다음은 어떤 모습일지 정확히 모르겠다"라고 답했다. 직원 30만 명의 공룡기업을 탈바꿈시키려는 리더도 엄청난 불확실성 앞에서 시행착오를 각오한다는 얘기다.

우리 기업들도 말만이 아니라 진짜 혁신 기업으로 바뀌고 싶다면 '이 사업이 100퍼센트 성공한다는 근거를 가져오기 전에는 승인하지 않겠다'는 생각은 버려야 하지 않을까?

새로운 기회의 실마리가 되는 것은 호기심 외에 '불편함' 속에 있는 경우도 많다. 불편함을 참고 지나가면 아무것도 아니지만, 그것을 붙들고 파고들면 기회가 된다. 불편함이라는 부정적 감정에 호기심이 접목될 때 기회가 생긴다.

세계 최대의 유니콘 기업인 우버는 창업주가 길거리에서 택시를 잡다가 안 잡혀 짜증이 나서 창업했다. 버진애틀랜틱항공^{Virgin Atalantic} ^{Air} 역시 영국에서 연착으로 비행기를 놓친 리처드 브랜슨^{Richard} ^{Branson}이 창업하여 세계적으로 유명한 항공사가 되었다.

이런 사례에는 국내에도 얼마든지 있다. 전통적인 금융시장의 틈새를 파고들어 승승장구하고 있는 개인신용대출 전문 P2P 기업 렌딧의 김성준 대표는 미국에서 온라인 커머스 스타트업을 창업했다가 실패한 후 한국으로 돌아와서 대출을 받는 과정에서 엄청난 '금리 절벽'을 경험했다. 제1금융권에서 5퍼센트 이하의 대출을 받지 못하면 20퍼센트 이상의 고금리 대출을 받을 수밖에 없다는 불편한 현실을 알았기 때문이다.

성인 인구의 40퍼센트 이상이 과도한 이자 때문에 애로를 겪는다는 사실 속에서는 그는 기회를 보았다. 약 두 달간 대출 서비스를 운영하며 최저 4.5퍼센트, 평균 10퍼센트 안팎의 중금리 대출시장이 존재한다는 점을 확인한 후 자신감을 바탕으로 투자 서비스를 시작했다. 2015년 3월에 창업한 렌딧은 3년 만에 누적대출액 1,000억원을 돌파, 개인신용대출 점유율 40%를 넘기며 국내 P2P 대출업체 부동의 1위 자리를 지키고 있다.

회사명	대표	과제명	내용
이놈들연구소	최현철	TipTalk	인체를 매질로 소리 전달하는 신개념 통화 UX 개발
솔리드벤처	조형진	IoFIT	비정상 보행·자세 모니터링하고 분석하는 스마트 슈즈 솔루션
스왈라비	정해권	WalkOn	걷기 목표 달성하면 쿠폰 제공하는 모바일 서비스 앱
파스텔랩	김희경	척앤착+ Pandit	휴대와 사용이 편리한 소형 프로젝션 기기 및 솔루션
잼이지	전대영	Jamit	악기 연주를 쉽고 재밌게 배울 수 있는 솔루션 (모듈+앱)
블루핵	윤영복	Fingo	모바일 기기 내 원하는 기능 바로 연결하는 앱 서비스
스케치온	이종인	Skin Printer	피부에 원하는 이미지 프린팅하는 기기와 콘텐츠 솔루션

자료: 삼성전자

새로운 시도를 하는 것은 궁극적으로 개인이다. 직원 스스로 관찰하고 기회를 포착해야 한다. 그러나 조직 입장에서도 새로운 시도를 위한 여건과 분위기를 조성해야 한다.

쓰리엠에서는 구성원에게 기존 업무 외에 다른 프로젝트를 하는데 15퍼센트 정도의 시간을 쓸 수 있도록 하고 시도한 결과가 기대에 못 미치더라도 책임을 묻지 않는다. 이런 관용을 베푸는 이유에 대해서 글로벌 본사 신학철 부회장은 "실수한다고 벌하면 새로운 시도 자체를 하지 않기 때문"이라고 설명한다. 답이 없는 과제에 도전한 뒤 선의의 실패에 대해 포용하고 심지어 격려하는 것은 혁신이 체질화된 기업에서는 공통적이다.

　놀라운 것은 신상필벌의 기업문화가 강했던 삼성에서도 최근 이런 식의 풍토 변화가 포착되고 있다는 점이다. 대표적인 사례가 '씨랩$^{C-LAB}$'이다(〈표 1-5〉).

　2012년 사내 혁신 프로그램으로 도입된 C랩은 2015년부터 스타트업 독립까지 지원하고 있고, CL$^{Creative\ Leader}$이라는 리더를 제외한 구성원은 직급 구분 없이 수평적으로 일을 하며, 1년 정도 과제를 수행한다. 2017년 상반기까지 180개 과제에 750명이 참여했고, 25개의 프로젝트가 스타트업으로 독립했다. 설사 뜻대로 사업이 안 되더라도 원하면 다시 삼성전자로 복귀의 기회를 약속한다.

　이 프로그램은 기술과 사업적 측면 외에도 인재 발굴, 조직문화 강화, 홍보 등의 효과도 거두고 있다. 그리고 다른 국내 대기업들도 비슷하게 모방을 하고 있다. 씨랩 프로그램을 주관하는 삼성전자 창의개발센터장 이재일 상무는 2017년의 한 인터뷰에서 "과제 실패율 90퍼센트를 기록하는 것이 목표"라고 밝히기도 했다.

디지털 활용
가치 창출

부^{富}의 성장에는 시대적 흐름이 있다. 아주 옛날에는 땅을 가진 사람이 부자였다. 다음에는 생산 설비를 가진 사람이 큰 돈을 만졌다. 그다음에는 돈을 잘 굴리는 사람이 경제를 좌지우지했고, 최근으로 가까워올수록 기술, 정보, 지식 등이 성장을 이끌었다. 우리가 우선 인정해야 하는 것은 21세기 성장의 상당 부분은 소프트웨어와 디지털 영역에서 온다는 것이다.

디지털 역량이 중요하다 ───

세계에서 가장 큰 서점(아마존)은 소프트웨어 기업이다. 세계에서 가장 큰 산업 설비 회사(GE)는 2020년까지 세계 10위

소프트웨어 기업이 되겠다고 선언했다. 세계에서 가장 옷을 많이 파는 회사(자라), 우리나라에서 배달을 가장 많이 하는 기업도 모두 소프트웨어 기업이다. 테슬라^{Tesla}가 만드는 전기차는 자동차라기보 다는 소프트웨어 제품이다.

시장조사기관 마켓앤마켓^{MarketsandMarkets}은 클라우드, 빅데이터, 모빌리티 등 디지털 트랜스포메이션 시장이 2015년 1,480억 달러 에서 2021년 3,921억 달러로 연평균 18.7퍼센트씩 성장할 것이라 고 전망했다. 세계적 컨설팅 기업 PWC가 2016에서 2020년 사이 글로벌 경제성장률을 연평균 3.5퍼센트 정도로 추정한 것을 감안하 면, 무려 5.3배에 달하는 성장 규모다.[5]

2011년 8월 20일자 〈월스트리트저널〉에는 '소프트웨어가 세상 을 먹어치우는 이유'라는 글이 실렸다. 〈파이낸셜타임즈〉가 10년 격차를 두고 집계한 글로벌 시가총액 10대 기업 순위표(〈표 1-6〉)를 비교해보면, 10년 전에는 소프트웨어 기업이 마이크로소프트^{Microsoft} 하나뿐이었만 지금은 무려 일곱 개다. 그뿐이 아니다. 10년 전 명단 에서 마이크로소프트를 제외한 9개 사의 시가총액은 2007년 2조 5,642억 달러였지만, 2017년에는 1조6,888억 달러로 약 34퍼센트 하락했다. 반면 애플, 구글, 아마존 3사 시가총액 합산액은 2007년 2,545억 달러에서 1조8,442억 달러로 커졌다. 무려 624퍼센트 성장 이다. 페이스북, 알리바바, 텐센트는 2007년 조사에서 글로벌 500 대 기업 명단에도 없었다.

순위	2007년 2분기 / 기업명(시가총액)	2017년 2분기 / 기업명(시가총액)
1	엑슨모빌(472,519)	애플(749,134)
2	제너럴일렉트릭(393,831)	알파벳-구글(628,610)
3	마이크로소프트(281,934)	마이크로소프트(528,778)
4	셸(266,141)	아마존(466,471)
5	AT&T(255,871)	버크셔해서웨이(418,880)
6	씨티그룹(253,703)	존슨앤드존슨(357,310)
7	가스프롬(245,757)	페이스북(357,176)
8	BP(231,495)	알리바바(356,390)
9	토요타자동차(228,009)	텐센트(344,879)
10	뱅크오브아메리카(216,963)	엑슨모빌(341,947)

출처: Financial Times Global 500 (단위: 100만 US달러)

2015년 미국 〈MIT 슬론매니지먼트리뷰MIT Sloan Management Review〉와 딜로이트Deloitte가 공동 실시한 글로벌 조사에서 응답한 기업 임원의 90퍼센트는 디지털 트렌드로 인해 속한 산업 내의 게임의 법칙이 바뀔 것으로 예상했다.[6]

하드웨어의 가치를 높이는 소프트웨어 ───

21세기는 명실상부한 디지털 시대다. 이제 디지털은 소프트웨어, 인터넷 기업만의 관심사가 아니다. 이제 디지털화의 핵심은 소프트웨어를 통해 하드웨어의 가치를 높이는 것이다. 소프트웨어 산업의 파이를 키우는 것만이 목적이 아니라 전통산업으로 디지털화가 확산되는 것이 중요하다.

하드웨어 중심 산업일수록 디지털화를 통해 얻을 것이 더 많다. 이런 변화의 선봉에 선 기업이 GE다. 지난 2011년 캐피털 사업 대부분을 매각, 본업인 제조업에 집중한다는 전략을 발표하면서 디지털화를 전략의 한 축으로 삼았다. 이멜트 전 회장은 "우리는 디지털 제조업을 할 것이다. 앞으로 우리의 경쟁자는 구글과 같은 기업들이 될 것이다"라고 했다. 소프트웨어 회사로의 변신은 하드웨어를 포기하는 것이 아니라 그 경쟁력을 증폭시키겠다는 의미. GE의 산업용 설비들은 페타바이트(테라바이트의 약 1,024배) 급의 데이터를 쏟아낸다. 이런 데이터들은 GE가 직접 구축한 '프레딕스Predix'라는 클라우드 기반 데이터 분석 플랫폼에서 분석된다.

또 하나의 변화는 소프트웨어와 하드웨어 간의 경계가 갈수록 모호해지는 것이다. 강력한 소프트웨어 활용 역량을 갖추려면 우선 소프트웨어와 하드웨어 구분에 대한 통념을 깨야 한다.

과거에는 하드웨어가 중심이고 소프트웨어는 하드웨어를 보완하는 역할이었다. 그러나 디지털화가 진전할수록 소프트웨어와 하드웨어의 경계는 흐릿해진다. 기존에 하드웨어로만 해결되던 부분이 소프트웨어로 대체되고, 하나의 제품에서 소프트웨어가 차지하는 비중이 높아지며, 부가가치의 상당 부분이 소프트웨어에서 창출된다.

디지털 기술의 활용 전략을 다룬 최신 저서에 따르면 전 세계 매출액 5억 달러 이상의 기업 391개 대상 조사 결과, 디지털 역량이 높고 리더십이 뛰어난 기업의 매출 지표는 업계 평균보다 9퍼센트 높았고, 이익률은 20퍼센트나 높았다.[7] 반면 디지털 역량이 부족하고 리더십도 떨어지는 기업의 매출지표는 평균보다 4퍼센트, 이익률은 26퍼센트 낮아 부진했다.

또한 디지털은 고객 경험을 혁신하는 데도 필수적이다. 디지털 트랜스포메이션을 통해 서비스업의 게임의 법칙을 새로 쓴 것은 의외로 스타벅스Starbucks다.

약 10년 전 스타벅스는 그때까지 과도한 매장 확대로 인한 경쟁력 약화 속에 글로벌 금융 위기와 던킨, 맥도널드 등 저렴한 커피 판매 공세로 매출이 급감했다. 창업자 하워드 슐츠Howard Schultz는 위기 극복을 위해 CEO로 복귀, 스타벅스의 전략을 일곱 가지 혁신 어젠다 중심으로 재정비했다.

새로운 전략 실현을 위해 선택한 비장의 한 수가 디지털 트랜스포메이션이었다. 스타벅스는 클라우드, 빅데이터, 모바일, 보안 등 다양한 디지털 분야의 인력들을 대거 영입했다. 매장 내 고객 경험 강화를 위해 빠른 속도로 '리워드Reward', '개인화Personalization', '결제

Payment', '주문^{Ordering}' 분야의 디지털화를 추진했다. 그 결과 2016년 기준 전체 모바일 앱 가입자 1,600만 명 중 월 평균 600만 건의 주문이 모바일 결제로 이뤄지고 있으며 미국 내 전체 매출의 25퍼센트(10억 3,000만 달러)가 모바일 앱을 통해 발생하고 있다. 디지털 전략의 성공은 2008년 4달러 수준이던 스타벅스의 주가를 2017년 약 65달러까지 상승시켰다.

디지털로 모든 역량을 바꾸어야 한다 ─────

최근 디지털 트랜스포메이션 관련 논의가 봇물처럼 쏟아지고 있다. 디지털 트랜스포메이션은 4차 산업혁명과 함께 자주 쓰이는 용어지만 같은 개념은 아니고, 사람에 따라 다양하게 정의한다. 우리 기업들에게 중요한 것은 정의보다 실천적으로 무엇을 할 것인가다. 자기만의 확실한 전략을 선택하지 못하고 우물쭈물하다가는 디지털 트랜스포메이션 경쟁에서 낙오할 가능성이 높다.

오늘날 기업들이 이 트렌드에 올라타는 데는 세 가지 옵션이 있을 것으로 보인다.

첫째, 처음부터 혁신적인 디지털 스타트업을 만들거나 인수해서 키우는 것이런 기업의 비즈니스 모델은 태생적으로 디지털을 기반으로 하기 때문에 시장의 검증을 받기만 하면 살아남을 가능성이 높다. 실리콘밸리와 중국의 대표적인 유니콘 기업들이 주로 이런 방식을 선택했다. 전통 비즈니스에서 몸집을 키운 대기업의 경우 기존 조직에서 디지털 비즈니스를 병행하는 것보다 인수를 통해 필요 역량을 확보하는 것이 시간을 절약하는 방법이다.

둘째, 전통적 업종에서 쌓은 실력을 바탕으로 디지털 트랜스포메이션을 성공시키고 그로부터 추가적인 수익까지 내는 전략

이 방식은 기존 비즈니스 조직의 의식 변화가 전제되어야 하기 때문에 변화관리의 어려움은 있지만, 성공한다면 전통적 비즈니스와 디지털 비즈니스 간의 시너지를 통해 큰 기회를 창출할 수 있다.

아마존과 GE가 대표적인 사례다. 아마존은 웹서비스로 전체 수익의 3분의 2를 내고 있으며, GE는 2020년까지 프레딕스 서비스 매출로만 150억 달러를 벌어들인다는 목표를 가지고 있다.

셋째, 기존 비즈니스 모델에 디지털 역량을 첨가해 본원적 경쟁력을 강화하는 전략

대표적인 예로, 독일 아디다스가 2016년 오픈한 '스피드팩토리'를 들 수 있다(〈사진 1-7〉). 사람의 손을 빌리지 않고 100퍼센트

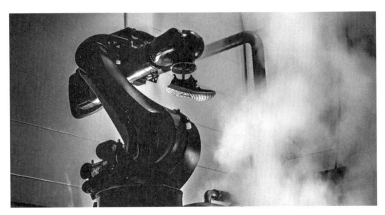

〈사진 1-7〉 아디다스 스피드팩토리 생산 로봇

로봇에 의해 생산하고 신발끈, 깔창, 뒷굽 색깔 등 수백만 가지 옵션을 주문 생산방식으로 처리하면서도 주문에서 출하까지 최대 5시간밖에 걸리지 않는 시스템 구축을 위해 아디다스는 정부와 아헨 공대와 함께 3년 이상 심혈을 기울였다. 이와 같은 방식은 자체 역량만으로 추진하기보다는 산학 협력, 기술 제휴 등을 통해 시간을 단축하는 것이 중요하다.

앞으로는 하드웨어와 소프트웨어가 만나는 지점에서 새로운 가치가 창출될 것이며, 세상의 기업은 이 가치를 돈 주고 사서 쓰는 기업과 돈 받고 파는 기업으로 나뉠 것이다. 어떤 업종에서 시작했느냐가 아니라 언제 디지털 트랜스포메이션에 성공하느냐가 기업의 운명을 가를 것이다.

그러나 디지털 트랜스포메이션은 선언한다고 되는 것이 아니다. 디지털 트랜스포메이션은 기존 조직에 디지털만 더하면 되는 것이 아니라 디지털을 통해 기존 조직의 마인드, 일하는 방식, 비즈니스 모델까지 완전히 바꾸는 것이기 때문이다. 물론 그 핵심에는 기본적으로 디지털 DNA와 소프트웨어 경쟁력이 전제가 되어야 한다.

국가 전체로 볼 때 한국의 소프트웨어 경쟁력은 아직 갈 길이 멀다. 2014년 기준 한국 소프트웨어 시장은 109억 달러로 전 세계 시장의 1퍼센트에 불과하며, 국내 소프트웨어 산업의 명목 GDP는 21조8,000억 원으로 전체 GDP의 1.5퍼센트에 불과했다. 우리나라는 무역 규모는 세계 10위 수준이고 세계 1위의 반도체 생산 능력을 가지고 있지만 우리 소프트웨어 산업의 경쟁력은 세계 17위나 18위에 머물러 있다.

제휴하고
협업하는 능력

4차 산업혁명 시대의 또 다른 키워드 중 하나는 바로 '융합'이다. 기술의 융합, 아이디어의 융합, 제품과 시장의 융합 등 다양한 융합에서 새로운 기회가 창출된다. 한 개인, 한 팀, 한 기업에 모든 아이디어와 인재가 몰려 있는 경우는 드물기 때문에 훌륭한 융합이 이루어지려면 제휴하고 협업하는 능력이 필수다. 조직 내부의 목표 공유, 상호 신뢰, 진실성 있는 소통에 기반한 협업collaboration은 조직역량을 전반적으로 증폭시키는 효과가 있다.

협업은 새로운 지식이 생겨나는 중요한 방식이다. MIT의 연구에 따르면 사람들은 어떤 정보가 필요할 때 책, 자료, 데이터베이스 같은 정보원보다는 사람을 통해 확인하려고 하는 경향이 다섯 배나 많다고 한다. 또 직장인들이 업무 수행에 필요한 지식과 노하우의 약 70퍼센트 정도는 동료들과 매일 함께 부대끼면서 일을 하는 과정에서 습득한다는 연구도 있다.

반면, 관료주의적인 기업에서는 조직의 사일로^{silo} 현상이 존재한다. 팀 간에, 부문 간에 철옹성 같은 장벽 때문에 소통이나 협업이 어렵다. 그러다 보니 회사 전체의 역량은 여러 부서의 개별 역량을 단순 합산한 것을 넘지 못한다. 1+1의 최대치가 2밖에 되지 못한다. 회사의 마케팅 역량은 마케팅 부서의 역량과 같고, 재무관리 역량도 재무관리 부서 역량과 같다. 한 부서의 역량 역시 부서원 개개인의 역량을 합한 것을 넘지 못한다.

이런 조직은 규모를 키우거나 구성원 개인 역량을 높이지 않는 한 조직역량이 올라가지 못한다. 그러나 21세기 조직은 더 작은 조직으로도 더 큰 성과를 내야만 한다. 전통적인 성공 방정식이 '합^合'의 법칙을 따랐다면, 융합의 시대는 '곱'의 법칙을 따른다.

세계적인 디자인 컨설팅 기업 겐슬러^{Gensler}는 기업에서 지식 노동자들이 매일 어떤 일을 하는지에 대한 분석을 통해 집중, 관계 형성, 협업, 학습 등 네 가지로 유형화한 바 있다.[8] 직장인들이 출근해서 하루 동안 쓰는 시간을 모두 기록해서 분류해보니 이 네 가지 중에 한 가지에 시간을 쓰고 있더라는 것이다.

겐슬러는 직원 개인의 시간 활용과 기업 성과의 관계를 분석해보기로 했다. 이를 위해 우선 조사 대상 기업을 고성과 기업군과 일반 기업군으로 나누었다. 그리고 두 그룹에 속한 사람들이 각 업무 유형별로 쓰는 시간을 측정해보았더니 가장 눈에 띄는 차이가 바로 협업이었다. 고성과 조직들은 평균적인 기업들 대비 직원들이 23퍼센트 더 많은 시간을 협업에 사용했고, 성공적 업무 수행에 있어 협업을 2배 정도 더 중요하게 인식하고 있었다.

유동팀과 프로젝트가 중심이 되는 업무 추진 ───

기업에서 일을 하는 것은 개인이지만, 궁극적인 성과는 팀에 의해 좌우된다. 그런데 모든 팀이 다 같은 것은 아니다. 전통적인 위계조직도 조직도에 보면 대개 '팀'으로 되어 있다. 그러나 이런 부서는 과거 과부제課部制 조직에 '팀'이라는 명패만 바꿔 붙인 경우가 많다. 과제 해결을 위해 분야별 전문가들로 구성한 '팀' 개념과는 거리가 있다.

팀 조직 전문가인 하버드대학교의 에이미 에드먼드슨Amy Edmondson 교수는 이 차이를 '고정팀fixed team'과 '유동팀fluid team' 개념으로 구별했다. 유동팀은 각각의 프로젝트에 맞는 사람들을 불러서 일시적으로 한데 모았다가 일이 끝나면 이를 쪼개 다시 다른 그룹과 합치는 식으로 운영된다. 따라서 이제 중요한 것은 '팀team'이 아니라 '티밍teaming'이다. 새롭고 도전적인 과제는 주로 유동팀이 맡게 되고 단순 반복적인 운영 업무는 갈수록 자동화, 알고리즘화되기 때문에 미래의 조직은 고정팀의 비중이 줄고 유동팀의 비중이 높아 질 것이다.

유동팀은 프로젝트 중심 조직에 특히 많이 필요하다. 전통적 기업에서 부서는 어떤 '기능'을 대표했지만, 유동팀은 '프로젝트'를 책임진다.

프로젝트형 조직의 대표 사례로 볼 수 있는 구글은 검색으로 시작해서 광고로 사업을 확장했지만 지금은 상상하기 어려울 정도로 다양한 프로젝트들을 하고 있다. 시도하는 프로젝트 중에 성공하는 것은 물론 극소수다. 그러나 많은 실패가 있기에 큰 성공도 있는 것이다. 지메일, 구글 맵, 구글 글래스, 자율주행차 등의 새로운 시도들은 모두 유동팀으로 일했던 사례들이다.

구글의 프로젝트 운영이 아무렇게나 하는 것은 절대 아니다. 철저하게 팀 중심이고, 절대 혼자서 프로젝트를 하지 못한다. 리더도 누가 정해주는 것이 아니라 그 프로젝트에 가장 적합한 사람이 맡게 되며, 군림하지 않고 다른 개발자를 돕는 역할을 한다. 누군가에게 어떤 일을 시킬 때도 필요성을 설명하며 부탁을 해야 한다. 반대로, 다른 팀원의 부탁에 잘 도와주지 않으면 동료 평가가 나빠지고 점점 설 자리를 잃게 되는 식으로 자율 관리가 된다. 성공적 프로젝트를 위해서는 다양한 배경을 가진 직원들을 끌어모아야 한다. 이렇게 일하는 방식이 구성원들의 습관처럼 되어 있다.

조직 안팎을 가리지 않는 협업 ─────

4차 산업혁명 시대의 협업은 기업 내부뿐 아니라 외부 주체들과의 협력까지도 적극 포용해야 한다. 시장은 항상 새로운 가치를 원하고 토털 솔루션을 기대하는데 모든 것을 내부 역량만으로 해결하려고 하다가는 기회를 놓치기 때문이다. 고객, 협력사, 정부기관은 물론 스타트업 기업과의 협업이 특히 중요해진다. 일반적으로 스타트업 기업은 새로운 사업 콘셉트를 포착하고 초기 상품화하는 데 강점을 가진 반면 대기업들은 가능성이 있는 초기 사업 모델을 완성해 수익에 이르도록 하는 데 뛰어나기 때문이다.

이런 협업이 가장 앞서 있는 곳은 실리콘밸리다. 기업 간의 다양한 커뮤니티, 콘퍼런스, 네트워크 등을 통해 기술, 아이디어, 인력의 교류가 활발하다. 여기에 대학 및 연구소, 벤처캐피털 등도 적극적으로 참여한다. 스타트업 기업들은 엔지니어 중심의 조직 특성으로 인한 조직관리, 마케팅, 자금 조달 측면의 어려움을 해소할 수 있는 도움을 받을 수 있다. 실리콘밸리 안의 활발한 인재 이동은 암묵적 지식과 노하우의 확산을 촉진한다. 국내에서는 삼성전자가 마그네틱전송기술^{MST}을 보유한 루프페이를 인수해 '삼성페이'를 성공적으로 상용화한 것이 좋은 사례다.

조직 밖의 역량을 활용하는 좋은 방법은 업종에 맞는 플랫폼을 활용하는 것이다. 구글이 2015년 5월 서울 대치동에 설립한 '구글 캠퍼스^{Google Campus}'가 좋은 사례다. 설립 1년 만에 16개 스타트업 기업이 입주했고, 9개 회사가 121억 원 투자를 유치했다. 첫 1년 동안 열린 창업 관련 행사가 450회에 이르고, 2만 명이 넘는 창업가들이 방문했다.

구글은 서울뿐 아니라 런던, 텔아비브, 마드리드, 바르샤바, 상파울루 등 전 세계 6곳에 캠퍼스를 두고 '글로벌 익스체인지^{Global Exchange}' 프로그램을 통한 상호 교류도 지원한다. 2인 이상 8인 이하 규모의 스타트업을 대상으로 입주 기업을 선정하고 6개월 동안 무료로 사무 공간 및 제반 서비스, 네트워킹 기회를 활용할 수 있다.

조직 바깥의 역량을 활용하는 데 또 한 가지 중요한 원천은 퇴직한 직원들이다. 한국 대기업은 전통적으로 자발적으로 퇴직한 임직원에 대해 곱지 않은 시선을 가지고 있는 것이 보통이다. 그래서 재입사를 허락하지 않는 것이 일종의 불문율이었다. 그리고 인재가 이탈하면서 회사의 지적 자산이 외부로 유출되는 것에 대해서 경계하는 부분도 있다. 그러나 어떻게 관리하느냐에 따라 퇴직 임직원은 회사에 도움을 줄 수도 있다.

예를 들어, 세계적인 컨설팅 기업 맥킨지는 퇴직한 컨설턴트를 '졸업생alumni'으로 부르며, 좋은 관계를 유지한다. 맥킨지를 그만둔 직원들은 대개 다양한 산업 분야의 관리자 또는 중역급으로 옮기기 때문에 컨설팅 수주에 도움이 되기도 하고 좋은 정보의 원천이 되기도 하기 때문이다. 실리콘밸리의 혁신 기업들이 빨리 성장하는 이유 중의 하나는 빈번한 우수 인력의 이동과 재입사를 통해 지식이 순환되고 네트워크가 빠르게 확산되는 것도 있다.

퇴직 임직원과의 좋은 관계를 바탕으로 대기업들의 사업에도 도움이 될 수 있다는 것을 보여준 실증 연구도 최근에 발표되었다.[9] 워싱턴대학교 스틴스마Steensma 연구팀은 미국 내 IT 산업에 속한 370개의 스타트업 회사와 41개의 대기업이 1990년에서 2006년 사이 출원한 특허를 중심으로 분석을 실시했다. 해당 기간 동안 대기업이 특허를 출원하면서 스타트업 기업의 특허를 인용한 경우 벤처기업에서 대기업으로의 지식 이전knowledge spill-in이 있었다고 가정했다.

연구 결과, 대기업은 자사 출신의 직원이 창업한 벤처기업의 특허를 인용하는 경우가 많았다. 이는 스타트업 창업가가 대기업에 재직 중인 이전 직장 동료들과 교류를 한다는 것을 반증한다. 즉, 임직원이 스타트업을 차려서 나가는 것이 일시적으로는 인적자원의 감소로 이어지지만 관계의 끈을 놓지만 않는다면 중장기적으로는 네트워크 자본을 확대하는 역할을 한다는 것이다.

소프트웨어를
혁신해야 한다

지난 2014년 삼성에서는 '마하^{Mach} 경영'이 화두였다. 제트기가 음속(초속 340미터 이상)을 돌파하려면 엔진은 물론, 설계 단계에서부터 모든 재질과 소재·부품을 모두 바꿔야 한다. 비행기의 다른 부분은 그대로 둔 채 엔진만 초음속으로 바꾸면 엔진을 켜는 순간 비행기가 산산조각 나기 때문이다. 삼성 역시 세계 초일류 기업으로 살아남으려면 체질과 구조를 근본적으로 개선해야 한다는 의미였다.

조직역량 강화의 필요성을 강조하는 적절한 비유라는 생각이 든다. 4차 산업혁명 시대에 살아남을 정도로 민첩하고, 끊임없이 새로운 시도를 하고, 적극적으로 디지털 트랜스포메이션을 추진하는 수준의 변화는 어떤 한두 가지만 바꾼다고 되는 것이 아니다. 하드웨어, 운영체계, 소프트웨어가 함께 바뀌어야 한다. 말처럼 쉬운 일이 아니다. 그러나 이런 변화 없이 4차 산업혁명 시대에 살아남는 것은 더 어렵다.

기술, 제품, 프로세스, 비즈니스모델 같이 눈에 보이는 것들은 오히려 바꾸기 어렵지 않다. 앞서가는 선진기업 사례가 하루가 멀다 하고 소개되고 있기 때문이다. 진짜 어려운 것은 눈에 잘 띄지 않는 조직의 소프트웨어적인 부분이다. 소프트웨어를 구성하는 것은 바로 사람, 문화, 리더십이다.

2장부터는 4차 산업혁명 시대에 맞는 사람, 문화, 리더십에 대해 좀 더 심층적으로 파헤쳐보자.

2장

인재전쟁

미래를 감당할 수 있는
사람인가

새로운 시대,
새로운 인재상

'기업은 사람'이라는 말이 있다. 어떤 사람을 뽑느냐가 기업의 운명을 좌우하기 때문에 인재를 신중하게 선발하는 것은 경영상의 중요한 의사결정이다. 사람을 제대로 뽑으려면 우선 필요한 인재에 대한 명확한 이미지를 설정해야 한다. '우리 회사에는 이런 사람이 적격'이라고 하는 것을 '인재상人材像'이라고 한다. 많은 인력을 선발, 활용하는 대기업일수록 일관성 있는 선발 및 육성을 위해 인재상을 명확히 하는 데 많은 고민을 한다.

대한상공회의소는 2013년 국내 매출액 상위 100대 기업의 홈페이지에 공표된 인재상 분석을 통해 기업들이 공통적으로 선호하는 인재들이 갖추어야 할 자질을 추출했다. 이 조사에 따르면 88개로 가장 많은 기업이 도전정신을 꼽았고, 그 다음으로 주인의식(78개

구분	1순위	2순위	3순위	4순위	5순위	6순위	7순위	8순위	9순위
'08년	창의성 (71)	전문성 (65)	도전정신 (59)	도덕성 (52)	팀워크 (43)	글로벌 역량 (41)	열정 (29)	주인의식 (13)	실행력 (10)
'13년	도전정신 (88)	주인의식 (78)	전문성 (77)	창의성 (73)	도덕성 (65)	열정 (64)	팀워크 (63)	글로벌 역량 (53)	실행력 (21)

출처: 대한상공회의소

사), 전문성(77개사), 창의성(73개사), 도덕성(65개사) 등을 꼽았다. 〈표 2-1〉은 상의가 같은 조사를 2008년에 실시했을 때 상위 10개 키워드와 2013년 결과를 비교한 것이다. 이 조사 결과를 보면 몇 가지 시사점이 드러난다.

첫째, 기업들의 인재상이 매우 비슷해졌다. 2008년 조사에서 1위에서 10위까지 키워드를 인재상에 포함하고 있는 기업 수를 모두 합치면 383개 회사다. 즉, 10개 키워드의 중첩률이 38.3퍼센트이었다. 2013년에는 이 수치가 58.2퍼센트로 높아졌다. 인재상의 차별성보다는 보편성이 커졌다.

둘째, 한국 기업들의 인재상에 드러난 인재의 모습은 둥글둥글한 범재형이다. 주인의식, 도덕성, 열정, 전문성 같은 속성은 직장인이라면 당연히 가져야 할 자질이고 특이하다고 보기 어렵다. 이런 인재상을 가지고 '튀는 인재'를 뽑기는 어려울 것이다

셋째, 인재상이 다가오는 미래에 대한 지향점이 드러나지 않는다. 4차 산업혁명 시대를 준비하기 위한 자질들이라기보다는 안정적인 경제 성장기에 맞는 자질들이 대부분이다. 도전정신, 창의성 등 일부 미래지향적인 요소마저 매우 추상적인 수준으로만 표현되어 있다.

이처럼 아직도 우리 기업들은 조직이 제시하는 방향을 성실히 따르는 모범생 인재를 찾고 있다. 대기업 입사라는 꿈을 이루기 위해 젊은이들은 자신을 깎고 다듬어 그런 인재상에 맞춘다. 그러다 보니 조직들은 튀지 않고 비슷하게 우수하지만 다양성은 부족한 그런 구성원들로 채워진다. 그러나 이런 조직에서는 가면 갈수록 창의와 혁신의 불꽃이 사그라든다. 이제는 달라져야 한다. 4차 산업혁명 시대에 맞는 새로운 인재상을 모색해야 한다.

지식의 시대는 갔다 ──

영국 철학자 프랜시스 베이컨Francis Bacon은 "아는 것이

힘"이라는 명제를 바탕으로 경험론 철학 전통을 수립했다. 지금까지 지식은 부와 권력의 원천이라는 역할을 충실하게 수행했다. 과거에는 지식 자체가 희소했고 지식이 가장 집중되어 있는 곳은 대학이었기 때문에 대학에서 배운 것으로 평생 일할 수 있었다. 이제 그런 시대는 갔다.

늘어나는 지식의 양은 감당할 수 없을 정도다. 대학 전공과 관계없이 일터에서 거의 모든 것을 새로 배워야 하며, 어제까지 알고 있던 것이 더 이상 쓸모없어지는 경우도 부지기수다.

세계경제포럼의 보고서는 "지금 초등학생의 60퍼센트가 현재 존재하지 않는 직업에 종사하게 될 것"이라고 전망했다. 세계적인 미래학자 앨빈 토플러Alvin Toffler도 "한국 학생들은 미래에 필요하지 않은 지식과 존재하지도 않을 직업을 위해 공부하느라 매일 15시간씩이나 낭비하고 있다"라고 개탄했다.[10]

지식 반감기라는 개념이 있다. 한 분야의 지식의 절반 정도가 기각되거나 더 이상 쓸모없어지는 데 걸리는 시간을 말한다. 이를 정량적으로 측정하는 분야를 과학계량학이라고 한다. 하버드대학교 새뮤얼 아비스먼Samuel Arbesman 교수의 2013년 연구에 따르면 심리학 분야는 반감기가 7.15년, 경제학은 9.38년, 역사학은 7.13년이라고 한다.

전통 학문 분야가 이 정도라면 기업에 필요한 실용 지식은 말할 것도 없다. 경력만 믿고 새로운 것을 익히지 않는 사람은 빠른 속도로 진부해진다. 어제까지 배운 것이 많은 것은 예전처럼 중요하지 않다. 중요한 것은 지금부터 새로운 것을 학습하는 능력이다.

학습 민첩성이
뛰어나다

4차 산업혁명 시대의 인재상의 첫 번째 요소는 바로 학습 민첩성이다.

독일 4차 산업혁명 분야 전문가 비스바덴대학교 볼프강 예거 Wolfgang Jäger 교수는 미래의 직장에서 필요한 가장 중요한 역량으로 학습능력을 꼽았다. 인구의 노령화, 평균 재직 기간 단축, 노동시장 유연성 증대 등의 요인 때문에 앞으로 직장인들은 과거 세대보다 훨씬 많은 직무를 경험할 수밖에 없다.[11] 수행해야 하는 직무가 많아지니 당연히 새롭게 배워야 하는 것도 많을 수밖에 없다. 때로는 지금까지 해온 일에 비해 생소한 것도 배워야 한다.

세계 최고의 인재들을 가려 뽑기로 유명한 구글의 전 인사담당 임원 라즐로 복 Laszlo Bock 의 생각도 같다. 그는 "구글 채용에서 직무를 막론하고 공통적으로 중요한 역량을 딱 한 가지만 꼽으라면 학습 능력"이라고 했다. 이것은 구글이 채용 데이터와 직원 성과에 대한 분석을 통해 얻은 결론이다. 뛰어난 학습 능력이 입사 후 구글에서의 성공 여부를 가장 잘 예측하는 요인이라는 것이다.

사실 이에 대한 연구는 더 일찍부터 있었다. 리더십 분야의 세계적 전문기관 CCL^Center for Creative Leadership은 1980년대 말 각 분야 최고의 리더와 전문가의 성공 비결을 추적하는 프로젝트를 수행했다. 이 연구를 주도했던 롬바르도^Michael M. Lombardo와 아이싱어^Robert W. Eichinger는 2000년에 중요한 논문을 발표했다. 유수 글로벌 기업에서 높은 성과를 달성한 분야별 리더 수백 명을 대상으로 심층 면접을 하고, 공통적 행동 특성을 도출한 후 이를 바탕으로 육성 모델을 개발하기 위해서였다. 그런데 리더들은 모두 서로 다른 이유 때문에 성공을 했기 때문에 공통적 성공요인으로 묶이는 것이 별로 없었다. 그렇게 설명력이 낮은 역량들을 제외했더니 남은 공통적인 성공요인은 딱 하나, 학습 민첩성^learning agility뿐이었다.[12]

학습 민첩성이란 무엇인가 ———

학습 민첩성은 단순히 '공부 잘한다'는 의미와는 전혀

다르다. 공부 잘하는 것으로만 따지면 한국 사람들도 남에게 뒤지지 않지만 학습 민첩성이 높지는 않다. 그것은 이 역량에 대한 정의가 매우 구체적이기 때문이다. 롬바르도와 아이싱어는 학습 민첩성을 이렇게 정의했다.

'처음 겪는 새로운 상황에서 경험을 통해 배우고, 그렇게 배운 것을 성과 창출에 적용하려고 하는 의지와 능력'

이 개념을 좀 더 깊게 살펴보면 우선 '처음 겪는 상황'을 강조한다. 즉, 어떤 것을 반복적으로 외우고 익혀서 자기 것으로 만드는 측면보다는, 이전에 해보지 못하고 지식이 없는 상태에서 머리를 써서 문제를 해결해보려는 측면을 강조하는 것이다.

수학 문제 풀이를 예로 들면, 기본 개념을 달달 외우게 하고 쉬운 것부터 연습문제를 반복 숙련하는 방식은 학습 민첩성과는 관계가 없다. 그렇게만 공부를 하면 지식의 양은 늘어날지 모르지만, 이전에 보지 못한 문제 앞에서 당황하고 주저앉게 마련이다.

그러나 이미 살펴본 것처럼 4차 산업혁명 시대에는 지식은 넘쳐나고 복잡성과 불확실성은 높아진다. 기업 상황에 대입해도 마찬가지다. 대학에서 기계 공학을 전공하고 엔지니어로 회사에 입사해서 20년 동안 그 일만 하면, 좁은 분야의 전문가는 되지만 배운 기술들이 진부해지면 더 이상 그 사람은 쓸 곳이 없어진다.

다음으로 강조하는 것이 '경험을 통해 배운다'는 점이다. 선생님이 가르쳐주고 책에 씌어 있다고 해서 그대로 믿는 것이 아니라 직접 자신이 시도하고 실패하면서 배운다는 의미다. 이것은 지식 습득의 방법 또는 태도 측면을 말하는 것이다.

경험을 통해 배우는 사람은 일을 하거나 공부를 할 때 시키지 않아도 스스로 계획을 세워보고 시도한다. 성공을 통해서도 배우지만, 실패를 통해서도 배운다. 보통 사람들은 자꾸 실패하면 포기하기 쉽지만, 학습 민첩성이 높은 사람들은 실패를 해도 좀처럼 포기하지 않는다. 실패는 했더라도 최소한 배운 것은 있다고 생각하기 때문이다.

이런 태도는 4차 산업혁명 시대에 필수적이다. 이미 검증된 방식과 프로세스는 갈수록 기계와 인공지능의 몫이 되고 사람에게 남겨지는 일은 이전에 해보지 않았던 일, 답이 없어 보이는 프로젝트가 대부분이 될 것이기 때문이다.

마지막으로, 중요한 것은 '성과 창출에 적용하는 의지와 능력'이다. 아무리 많은 지식과 경험을 가지고 있어도 머릿속에만 담고 있으면 기업 입장에서는 아무 혜택이 없다. 될지 안 될지 확신이 약간 부족하더라도 일단 실행하는 사람이 조직에는 훨씬 도움이 된다.

페이스북 직원들은 "완벽한 것을 기다리보다는 일단 해보는 것이 중요하다Done is better than perfect"라는 말을 습관처럼 한다. 좋은 아이디어가 있어도 한두 달만 머뭇거리면 경쟁사에서 더 좋은 제품이 나오는 환경에서 이 말은 더할 나위 없이 맞는 말이다.

호기심과 성찰로 학습 민첩성을 높인다 ───

요즘 많은 글로벌 기업들은 학습 민첩성이 높은 인재 선발에 혈안이 되어 있다. 학습 민첩성이 높은 인재들은 일반 인재들보다 더 승진할 확률이 높고, 더 어려운 역할을 맡아도 성과를 내는 것으로 알려져 있기 때문이다. 문제는 이러한 역량이 후천적으로도 양성될 수 있느냐는 점이다.

학습 민첩성은 역량이기도 하지만 어느 정도 타고난 성향이기도 하다. 학습 민첩성을 가지고 직장 생활을 시작한 사람과 그렇지 않은 사람 사이의 격차는 좀처럼 좁혀지지 않는다. 대졸 신입 지원자 대상으로 평가를 해봐도 학습 민첩성은 개인 편차가 매우 심하다. 학력, 전공 등은 학습 민첩성과 별 관계가 없다. 다만 전문가들의 공통적 견해는 개인의 학습 민첩성을 향상시키는 것은 지속적 노력을 통해 가능하다는 것이다.

학습 민첩성을 개발하는 데 제일 중요한 것은 지적 호기심이다.

세계적인 직업성격검사 기업 호간어세스먼트센터의 CEO 토마스 프레뮤직Tomas Chamorro-Premuzic은 업무 성과 예측에서 호기심이 인지 능력만큼 중요하다고 했다.[13]

지적 호기심이 높은 사람은 기존의 방식과 절차로도 업무가 가능하지만 좀 더 나은 방법이 없는지 스스로 묻는다. 당장 업무와 관계가 없는 일에도 관심이 많고 책도 많이 읽는다. 브레인스토밍을 할 때도 다른 사람보다 몇 배 더 많은 아이디어를 낸다.

학생이나 직원의 지적 호기심을 자극하려면 어려운 과제를 부여해야 한다. 이미 아는 개념을 적용하는 수준의 과제는 뇌에 자극이 되지 않는다. 아는 것을 모두 동원해도 해결하기 어려운 과제를 내는 것이 좋다.

반복적인 성찰reflection도 학습 민첩성을 높이는 데 필요하다. 성찰은 배운 것, 경험한 것, 실행한 것을 되짚어 보고 복기하는 과정이다. 성찰은 개인 차원과 팀, 조직 차원에서 모두 필요하다.

개인 차원의 사례를 잘 보여주는 것이 몇 년 전 인기 TV드라마 〈미생〉의 주인공 장그래다. 직장에서 좌충우돌 경험한 것을 집에 돌아와 차분하게 되돌아보고 바둑의 원리와 비교하면서 자신의 행동을 반성하고 조직의 원리를 깨우쳐 가는 모습이 시청자들의 흥미를 끌었다. 팀, 조직 차원에서도 마찬가지다.

세계적인 컨설팅 기업들은 프로젝트가 끝나면 참가했던 팀원들이 모여 잘된 부분, 개선이 필요한 부분, 다음 프로젝트에 반영할 부분들을 토론하고 공유한다. 상품개발 프로젝트 후 결과에 대해 리뷰·검토하는 기업들이 그렇지 않은 기업 대비 신제품 출시 성공률이 30~50퍼센트가량 높다는 연구도 있다.

인간의 두뇌는 경험을 통해 얻은 다양한 자극과 정보를 일단 쌓아두는 경향이 있기 때문에 성찰을 통해 이를 정리해줄 필요가 있다. 그래야 경험에서 얻는 통찰력^{insight}이 뇌 속에 명확하게 각인된다.

교육 현장에 적용하기 위해서는 전체 교육 과정 시간의 약 15퍼센트 정도를 참가자들이 느낀 점, 개선이 필요한 점을 공유하도록 하는 것이 좋다. 질문을 할 때는 반드시 개방형$^{open-ended}$ 질문이 되어야 한다. 강사가 전달한 지식을 잘 기억한 사람에게 상품을 주는 방식은 정반대의 방식이다. 오히려 좋은 질문을 한 교육생을 칭찬하는 것이 맞다. 그런 성찰이 현장에서의 실천으로 이어지기 때문이다.

복잡한 문제를
잘 해결한다

세계경제포럼은 2016년 〈직업의 미래〉 보고서를 통해 4차 산업혁명 시대에 요구되는 직무능력을 조사했다. 대표적인 9가지 능력별로 조사한 결과, 2020년 전 세계 직무의 약 36퍼센트에서 '복잡한 문제해결 능력'이 필수 능력으로 요구될 것으로 나타났다. 직장인 3명 중 1명은 높은 수준의 복잡한 문제해결 능력을 갖추어야만 일을 제대로 할 수 있다는 얘기다. 반면 다른 여덟 가지 직무능력은 전체 산업 기준으로 20퍼센트 미만의 직무에서만 중요할 것으로 예측되었다.

이런 결과는, '융복합'과 '초연결'을 특징으로 하는 4차 산업혁명 시대의 비즈니스와 직업 현실이 갈수록 복잡해질 것이라는 점을 감안하면 수긍이 간다. 이를 반영하듯 OECD 학업성취도 국제 비교 연구PISA에서도 기존의 수리, 과학, 언어 영역 외에 2012년 조사에

'창의적 문제해결' 영역을 추가했다.

한편, 복잡한 문제해결 능력을 갖춘 인재의 공급은 수요를 따라 가지 못할 가능성이 높다. 세계경제포럼이 전 세계 200여 나라의 4억 명 이상의 직장인 정보를 보유한 링크트인^{LinkedIn} 회원 프로필에 기재된 스킬·역량 목록을 자체 직무능력과 매핑하여 통계를 냈는데, 아홉 가지 직무능력 중에 수요 대비 현재 역량 보유인력 비율이 가장 낮은 것이 바로 복잡한 문제해결 능력이었다. 미래의 수요는 36퍼센트였던데 반해 링크트인 프로필에 이와 관련된 스킬·역량을 보유하고 있다고 한 사람은 6퍼센트에 불과했다. 4차 산업혁명 시대를 대비해야 하는 기업의 입장에서는 발등에 불이 떨어진 셈이다.

아쉽게도 복잡한 문제해결 능력을 키우는 것은 단순하지 않다. 그것은 하나의 능력이 아니라, 여러 가지 능력들이 종합된 일종의 슈퍼 역량이기 때문이다. 사람마다 복잡한 문제를 해결하는 방법은 서로 다를 수 있다. 대표적인 방법을 살펴보자.

첫째, 문제 자체에 매몰되지 않는다

문제해결 시에 가장 흔한 실수는 문제 자체에 너무 집착하는 것이다. 문제를 명확히 정의하는 것은 필요하지만, 문제에만 빠져 있으면 해결 방안이 떠오르지 않기 때문이다. 어려운 문제들은 처음에는 해결 불가능한 것처럼 느껴진다. 문제를 생각하면 할수록 해결 불가능한 이유만 떠오른다.

문제에 너무 집중하는 것은 해결 방안을 찾는 데 방해가 된다는 것은 뇌과학자들의 연구를 통해서도 입증되었다. 아인슈타인이 "어떤 문제를 야기한 원인과 같은 수준의 사고思考로는 그 문제를 해결할 수 없다"고 했던 것 역시 이와 같은 차원의 얘기다.[14]

둘째, 문제를 최대한 단순화한다

복잡한 문제해결이 어려운 이유는 문제 자체보다는 복잡성 때문일 때가 많다. 복잡성은 사람의 인지기능에 과부하를 초래하여 본질을 꿰뚫어 보기 어렵도록 만든다. 따라서 문제의 핵심과 관계가 적은 것들을 제거하고 단순화하여 각개격파하는 방식이 권장된다. 수학 문제를 잘 푸는 학생들도 복잡한 조건과 수식을 최대한 단순하게 바꾼 후 푸는 경우가 많다. 단순할수록 실수의 확률이 줄기 때문이다.

팀으로 문제를 해결할 때는 복잡한 문제를 여러 개의 단순한 문제로 쪼개는 것이 우선이다. 여러 개의 가설을 나누어 검증한 후 나중에 맞추어보면 복잡한 것을 끌어안고 여러 사람이 동시에 작업을 하는 것보다 훨씬 효율적이다.

〈사진 2-2〉 IDEO사의 문제해결

셋째, 시각적인 방식을 활용하여 문제를 푼다

인간이 시각적 동물이라는 것은 이미 수도 없이 강조된 사실이다. 따라서 논리적인 사고는 시각적 형태로 표현되었을 때 사람이 보기에 가장 명확하다. 그래서 명확한 이미지로 표현된 이슈는 팀이 토론하기에도 좋다. 세계적인 디자인 컨설팅 기업 IDEO에서도 고객이 의뢰한 어려운 문제를 해결할 때 최대한 다양한 시각적인 기법을 적용한다(〈사진 2-2〉).

일반적으로 많이 사용되는 시각적인 방식에는 다이어그램, 마인드맵, 스토리보드, 특성요인도^{fish-bone chart}, 꼴라쥬 등이 있다. 시각적 방식을 활용하는 실력은 경험이 쌓일수록 능숙해진다.

넷째, 새로운 조합을 통해 새로운 아이디어를 창출한다

아이디어 창출을 오랫동안 연구한 사람들은 공통적으로 새로운 조합에서 창의적인 발상이 가능함을 강조한다. 서로 연관성이 없어 보이는 두 가지 이상의 것을 조합했을 때 전혀 생각지 못했던 좋은 아이디어가 떠오르는 것 말이다.

애플의 전 CEO 스티브 잡스 역시 "창조성은 있는 것들을 연결하는 것에 지나지 않는다"라는 말을 남겼다. 우연히 새로운 조합을 발견하는 창의적 두뇌를 가진 스티브 잡스, 마크 저커버그, 마크 트웨인 같은 사람들은 일부러 책상 위를 지저분한 상태로 두기도 했다.

소프트뱅크 손정의 회장은 새로운 아이디어를 구상을 위해 '단어 자유 연상법'을 썼다고 한다. 조간 신문을 아무렇게나 가위로 잘게 오린 후 두 조각을 맞추어 연결된 단어에서 아이디어를 착안하는 방법이었다고 한다.

다섯째, 프로젝트 방식의 문제해결 경험을 쌓는다

최근 인지심리학 분야의 연구를 보면 복잡한 문제해결 능력의 구성요소를 파악하려는 시도들이 보이고 있다.[15] 문제해결은 다양한 지식, 스킬, 능력 및 기타 요인들의 영향을 받는 것으로 보는 관점들이 많다. 즉, 몇 가지 요소만 가지고 복잡한 문제해결 능력을 측정하거나 강화하는 것이 어렵다는 얘기다.

주어진 문제를 해결하기 위해서는 해당 주제에 대한 배경지식

외에도, 이슈 분석 능력, 추론 능력, 창조적 아이디어, 난관 극복 의지, 집중력, 불확실성에 대한 내성, 타인 의견 경청, 인지적 반추 cognitive reflection 능력 등 다양한 것들이 필요하다. 이를 일일이 따로 향상시킨다는 것은 매우 어렵고 너무 많은 시간이 소요된다. 따라서 가장 현실적인 방안은 문제해결 상황을 여러 번 경험해보는 것이다.

이런 의미에서 중요한 것이 프로젝트 수행이다. 프로젝트는 대개 새로운 과제에 대한 해결을 목적으로 한시적으로 운영하는 경우가 많다. 복잡한 문제해결을 집중적으로 수행해볼 수 있는 좋은 기회다. 학교에서도 할 수 있고 기업에서도 할 수 있다.

디지털 활용 능력이 뛰어나다

2016년 6월 21일 오전 8시. 삼성그룹은 사내 방송 SBC를 통해 '삼성소프트웨어 경쟁력 백서, 1부 소프트웨어의 불편한 진실'이라는 제목의 20분짜리 프로그램을 각 계열사에 내보냈다. 내용의 상당 부분은 그룹 내 소프트웨어 역량이 부족하다는 국내외 전문가의 지적으로 채워졌다. "소프트웨어 개발 인력이 구글은 2만3,000명, 삼성전자는 3만2,000명이지만, 문제해결 능력으로 따지면 삼성 인력의 1~2퍼센트만이 구글 입사가 가능한 수준"이란 코멘트도 나왔다. 삼성이 그룹 차원에서 작심하고 만든 방송이라고 한다. 국내 최고의 소프트웨어 인재가 모여 있다고 자부하는 삼성그룹의 현실이 이렇다면 다른 기업들의 사정은 더 어려울 것으로 예상이 된다.

디지털 시대의 핵심 실무 능력 ———

4차 산업혁명 시대에 일 잘하는 인재가 되려면 디지털 활용 능력을 필수로 갖춰야 한다. 디지털 활용 능력은 개인 편차가 유난히 큰 것이 특징이다. 뛰어난 직원과 그렇지 못한 직원의 생산성 차이가 10배까지도 날 수 있다고 한다. 다른 분야에서는 어떤 직원의 생산성이 평균 대비 20~30퍼센트만 부족해도 저성과자로 낙인이 찍힐 텐데, 디지털 활용 능력에 있어서는 그 차이가 극단적인 수준이 될 수 있다는 얘기다.

그렇다면, 디지털 활용 능력이 그렇게 중요한 이유는 무엇인가?

1980년대에는 반도체가 산업의 쌀이었다. 모든 전자제품에는 반도체가 들어가고, 반도체의 용량이 전자제품의 성능을 결정했기 때문이다. 4차 산업혁명 시대로 진입하는 21세기에는 데이터가 산업의 쌀로 비유되고 있다. 물론 데이터 자체는 과거에도 있었다. 그러나 오늘날의 데이터는 과거와 차원이 다르다. 변증법에서는 양이 축적되면 어느 지점에서 질적 변화가 온다고 했다. '양질전화의 법칙'이다. 데이터도 양이 일정 수준을 넘어서면 과거에는 불가능하던 분석이 가능해진다.

2015년 말 기준 전 세계 모바일 가입자는 약 73억 명으로 전 세계 인구수를 넘어섰다. 모바일 시장조사 업체 와이즈앱의 2016년 조사에 따르면 한국인은 하루 평균 3시간씩 스마트폰을 이용하며, 평균 45개의 앱을 쓰고 있으니 거기서 생기는 데이터의 양이 어마어마하다. 산업 분야도 다르지 않다. GE의 산업 설비들은 하루에도 페타바이트^{Petabyte}(1024테라바이트)급의 데이터를 쏟아낸다.

디지털 활용 능력의 중요성을 강조하는 연구가 2000년대 초반에 독일에서 이뤄진 적이 있다. 복잡한 수학 문제를 푸는 데 소요되는 시간을 비교한 것인데 1982년형 컴퓨터 하드웨어 및 소프트웨어를 활용했을 경우는 약 82년 정도가 소요될 것으로 추산되었는데 2003년형 하드웨어 및 소프트웨어를 장착해 계산을 해보았더니 불과 1분밖에 걸리지 않았다. 21년 만에 처리능력이 4,300만 배 높아진 셈이다. 다시 분석을 해보니 하드웨어 성능 향상으로 인한 속도 향상은 약 1,000배였지만 소프트웨어 성능 향상으로 인한 것이 4만 3,000배였다. 소프트웨어 알고리즘은 하드웨어의 성능보다 수십 배 더 빨리 발달한다는 것이다. 하드웨어보다 소프트웨어의 중요성이 그만큼 커진 것이다.

디지털 활용 능력을 배양해야 하는 또 다른 이유 중 하나는 인공지능과 머신러닝의 도래다. 앞으로 수십 년 내에 인지능력이 사용되는 대부분의 영역에서는 인공지능과 머신러닝이 적용될 것이다. 이미 적용된 사례들만 해도 적지 않다.

알파벳이 개발한 딥마인드^{DeepMind} 시스템은 이미 확보한 지식을 바탕으로 새로운 지식을 학습하는 것이 가능하다. 호주의 과학자들은 장기 사진 판독만으로 환자의 조기 사망 가능성을 약 70퍼센트 정도의 정확도로 예측하는 인공지능 시스템을 개발했다. 아마존의 인공지능 시스템 알렉사^{Alexa}는 투자 상품과 관련한 일부 은행 고객의 전화를 직접 받아 응대하고 있다. 디지털 활용 능력을 갖추지 못한 사람은 인공지능의 지시에 따라 업무를 하는 시대가 온다.

이런 변화 속에 최근 북유럽, 미국, 동아시아 중심으로 소프트웨어 교육 시작 연령이 낮아지고 있다. 국내에서도 2018년부터 소프트웨어 프로그래밍 교육이 의무화된다. 중·고등학교에서 시작한 후 2019년 초등학교에까지 확대 적용 예정이다.

애플의 창업주이자 전 CEO 스티브 잡스는 생전 "모든 사람이 컴퓨터 프로그래밍을 배워야 한다. 프로그램은 생각하는 방법을 가르쳐주기 때문"이라고 말한 적 있다. 페이스북 CEO 마크 저커버그도 초등학교 6학년 때부터 코딩을 배웠다.

최근 디지털화에 기반한 빠른 경제성장으로 '발트해의 호랑이$^{Baltic\ Tiger}$'라는 별명을 얻은 동유럽의 에스토니아는 1991년 구소련에서 독립한 직후부터 전 국민 대상 소프트웨어 교육을 실시했고 2016년에는 아예 '디지털 국가' 선언을 했으며, 디지털 마인드를 위한 교육을 유치원까지 확대했다.[16]

디지털 활용 능력을 기업 전략 차원에서 육성하는 대표적 사례가 GE다.[17] 전형적인 하드웨어 제조업으로 100년 이상의 성공의 역사를 쓴 이 기업은 2020년까지 세계 10위 이내 소프트웨어 회사가 되겠다는 비전을 제시했다. 이를 위해서는 30만 명에 달하는 GE 직원들이 디지털 중심으로 일하는 방식을 바꿔야 했다.

GE는 우선 DTLP^{Digital Technology Leadership Program}라는 프로그램을 도입했다. 소프트웨어 관련 소양[18]을 갖춘 우수 후보들을 선발, 2년간 강도 높은 트레이닝, 멘토링, 로테이션 프로젝트 투입을 통해 GE의 실제 디지털 비즈니스 문제를 해결하는 프로그램을 도입하게 된 것이다. 현재 50여 개 나라 1만1,000명 이상의 직원들이 GE의 디지털 비즈니스에 종사하고 있는데 DTLP를 통해 풀^{pool}에 지속적으로 젊은 피를 수혈한다.

"더 이상 4년제 대학 졸업장은 필요 없습니다. 인공지능과 정보기술 능력을 갖춘 실무자를 길러내야 합니다."

2016년 11월 지니 로메티^{Ginni Rometty} IBM CEO는 당시 대통령 당선인 도널드 트럼프에게 이 같은 내용의 편지를 보냈다. 로메티는 과거의 블루칼라, 화이트칼라 같은 기준은 의미가 없으며 디지털 활용 능력을 갖춘 뉴칼라^{New Collar} 인재가 4차 산업혁명 시대를 움직일 것이라고 강조했다.[19]

글로벌 경영시대에 영어 소통 능력이 업종과 직군을 불문하고 공통적으로 요구되는 것과 마찬가지로 4차 산업혁명 시대에는 컴퓨팅적 사고 능력 및 스킬을 갖추는 것이 우수인재의 기본 요건이 되는 것이다.

디지털 활용 능력의 하위 요소 ────

디지털 활용 능력이라고 하면 흔히 '소프트웨어를 잘 다룬다'는 생각만 하기 쉽다. 물론 디지털 능력이 높은 직원은 소프트웨어를 능숙하게 다룬다. 그러나 그것이 전부는 아니다. 사람의 역량을 육성한다는 관점에서 보면 소프트웨어 사용법을 익히고 코드를 짜는 것은 한 가지 측면에 불과하다.

중요한 것은 소프트웨어와 데이터를 활용한 본원적인 사고 및 문제해결 능력을 키우는 것이다. 따라서 디지털 활용 능력에는 소프트웨어 조작 외에도 컴퓨팅적인 사고 능력과 데이터를 이해하고 활용하는 능력(데이터 리터러시)이 추가로 필요하다.

컴퓨팅적인 사고 능력은 특히 문제해결의 절차 및 방법론 차원의 능력이다. 해결해야 할 문제를 잘게 분해하고 문제 속에 숨어 있는 패턴을 파악해 추상화하고, 거기에 맞는 알고리즘을 설계할 수 있어야 한다. 이를 컴퓨터 언어로 변환 및 실행해야 컴퓨팅적 사고

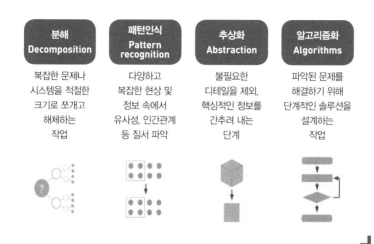

<표 2-3>
컴퓨팅적 사고 능력의 하위 요소

분해 Decomposition	패턴인식 Pattern recognition	추상화 Abstraction	알고리즘화 Algorithms
복잡한 문제나 시스템을 적절한 크기로 쪼개고 해체하는 작업	다양하고 복잡한 현상 및 정보 속에서 유사성, 인간관계 등 질서 파악	불필요한 디테일을 제외, 핵심적인 정보를 간추려 내는 단계	파악된 문제를 해결하기 위해 단계적인 솔루션을 설계하는 작업

능력을 완성할 수 있는 것이다. 컴퓨팅적 사고 능력은 분해, 패턴인식, 추상화, 알고리즘화 등의 하위 요소로 구성된다(〈표 2-3〉).

이 중 '분해'의 사례를 들어 설명해 보자. 크고 복잡한 문제를 무작정 해결하려고 들면 시간만 낭비하고 원하는 결과를 얻지 못하기 쉽다. 그러나 적절한 수준의 여러 개의 하위 문제로 나눈 다음에 하나씩 풀어가면 상대적으로 적은 노력으로 원하는 결과를 가능성이 높다.

병원에서 건강검진을 할 때 전반적인 건강 수준을 판단하기 위해 호흡기, 순환기, 소화기, 근골격계 등으로 분해하여 진단한다. 매출 하락으로 고민하는 기업은 시장 수요, 점유율, 가격정책 등으로 분해하여 어디에 문제가 있는지 분석한 후 이를 종합하여 전반적인 개선 방향을 찾는다. 운동선수가 경기 성적으로 높이려고 할 때도 체력, 기술, 운영능력 등으로 나누어 취약한 부분을 끌어올리는 것도 마찬가지 사례라고 할 수 있다.

데이터를 이해하고 활용하는 능력은 엔지니어, 금융 전문가 등 특정 직종에만 필요한 것이라고 생각하기 쉽다. 20세기까지는 그랬을지 몰라도 앞으로는 마치 글을 읽고 말하는 것처럼 모든 사람에게 필요한 능력이 될 것이다.

데이터 활용을 통해 새로운 가치를 만들어낸 사례는 무수하다. 2012~2013년 겨울 미국에서 치명적인 계절성 독감으로 사망자가 100명을 넘기면서 비상사태가 선포되었을 때 구글은 검색어 데이터 분석을 바탕으로 보건당국보다 1~2주 앞서 독감 이동 경로를 예측해냈다. 요즘은 페이스북이나 인스타그램 트래픽 분석을 통해 적은 광고비로 타깃 소비자층을 공략하는 기법이 일반화되고 있다.

데이터의 양이 많지 않았던 시절에는 직원의 능력과 인사이트가 생기려면 경험치, 즉 연차가 쌓여야 했다. 인사이트라는 것은 방대한 데이터가 패턴화되면서 형성되기 때문이다. 직장 생활을 10년쯤 하고 과장 정도 달아야 업무를 자기 책임으로 할 수 있었고, 20년 정도는 되어야 전문가 소리를 들었다.

하위 역량	내용
데이터 수집	• 수행하려는 과제에 필요한 데이터를 알고, 데이터 유형별 장/단점을 이해한다. • 업무에 필요한 데이터를 빠른 시간 내에 검색, 확인을 통해 확보한다. • 비정형적인 데이터 소스로부터 필요한 데이터를 선별적으로 추출한다.
데이터 관리	• 원시 데이터에서 노이즈를 제거하여 분석이 가능한 형태로 전환한다. • 데이터 소스로부터 형성된 신규 데이터가 주기적으로 입력되도록 자동화한다. • 형태가 다른 데이터 세트에서 추출, 필터링, 조정을 통해 하나의 데이터 세트로 통합한다.
가공 및 분석	• 확보, 정리된 데이터를 분석의 목적에 맞는 데이터 세트로 가공한다. • 다양한 수준의 데이터 분석을 실시하고 복잡한 통계처리를 위한 쿼리를 설계한다. • 정량적, 정성적으로 분석된 결과를 해석하여 설득력 있는 보고서로 작성한다.
데이터 시각화	• 그래프, 차트, 인포그래픽 등 직관적이고 효과적인 방식으로 데이터를 표현한다. • 방대한 데이터에서 빠르게 특징적인 패턴이나 특이 사항을 추출한다. • 변수의 추이에 따라 결과값이 시계열적으로 바뀌어 표현되도록 프로그래밍한다.
데이터 기획	• 업무 프로세스별로 생성되는 데이터 종류와 양을 파악한다. • 다양한 데이터 간의 관계를 유추하고 분석/활용 방법을 도출한다. • 데이터를 수집, 관리, 분석하는 일련의 과정을 계획, 실행, 개선한다.

그러나 이제는 '경력=인사이트'로 단순히 등치시킬 수가 없다. 경험이 많아도 쏟아지는 데이터를 활용할 줄 모른다면 초심자와 다를 바 없다. 경력이 짧더라도 데이터를 자유자재로 모으고, 분석하고, 활용하는 사람이 문제를 해결한다. 짧은 시간 내에 수조 원 이상

의 기업 가치를 가진 실리콘밸리 창업자, CEO 대부분이 20~30대에 성공했다는 것이 이를 증명한다.

데이터 리터러시는 단순히 '데이터를 이해'한다는 의미가 아니다. 이 역량의 개념을 좀 더 구체적으로 이해하기 위해서는 하위 역량을 살펴보는 것이 좋다(〈표 2-4〉). 데이터 리터러시의 범위가 수집, 관리, 가공, 시각화 등 매우 넓다는 점을 알 수 있다. 데이터 리터러시는 새로운 분야에 대한 학습, 문제해결을 위한 정보 수집 및 가공, 주장하는 바를 효과적인 방법으로 표현하는 등 다른 4차 산업혁명 시대 필요 역량들과 긴밀하게 닿아 있다.

플랫폼을 설계하는 능력을 가졌는가

실리콘밸리에서 많이 하는 말 중 하나가 "제품 말고 플랫폼을 만들라"는 것이다.

제품의 가치는 한정적이다. 만들어 팔면 그것으로 거래가 끝난다. 돈이 되려면 끊임없이 만들어야 한다. 경쟁사가 모방하기 때문에 제품 주기도 짧다.

플랫폼은 다르다. 활용과 거래가 반복되면서 저절로 가치가 창출된다. 잘 만든 플랫폼은 고객, 사용자, 파트너들이 자발적으로 거래에 참여하고 플랫폼 완성도를 높이기 때문에 모방하기가 쉽지 않다.

2012년 4월 페이스북은 직원 13명에 불과한 사진, 동영상 공유 소셜미디어 인스타그램을 10억 달러에 인수했다. 당시 가입자가 3,000만 명이었으니 1인당 33달러에 인수한 셈이다. 그러나 2017

년 8월 인스타그램 월간 실사용자는 7억 명을 돌파했고, 경쟁 서비스 추격에도 독보적인 인기를 누리고 있다.

매일 1억 건 이상의 사진과 동영상이 등록되는 인스타그램은 막강한 플랫폼이다. 2016년 페이스북 광고 매출은 268억 달러로 전년 대비 57퍼센트 성장했는데, 인스타그램 투자가 없었더라면 불가능했을 것이다.

삼성의 스마트폰은 이제 전 세계적인 브랜드가 되었다. 가장 첨단의 스마트폰을 만드는 기업 중 하나다. 그러나 데이터에 대한 접근 권한을 누가 가졌는지 질문해보자. 결국 수집된 데이터의 주인은 삼성이 아닌 안드로이드 개발사 구글이다. 따라서 삼성이 새로운 플랫폼을 구축하지 않으면 삼성의 스마트폰은 다른 산업이 성장하는 데 도움을 주는 '보조 역할'에 그친다.[20] 재주는 곰이 부리고 돈은 왕서방이 가져가는 격이다. 애플은 하드웨어뿐 아니라 운영체제 iOS와 콘텐츠 플랫폼 아이튠즈iTunes까지 가지고 있다. 데이터가 애플에 고스란히 쌓이는 플랫폼 구조다.

전문화보다 플랫폼 사고력에 집중하라 ————

초연결과 융복합을 특징으로 하는 4차 산업혁명 경제에서 플랫폼은 어디에나 존재한다. 구글과 바이두는 검색 플랫폼이다. 아마존과 알리바바는 온라인 커머스 플랫폼이다. 페이스북, 위챗WeChat, 라인은 소셜미디어 플랫폼이다. 마이크로소프트의 윈도 같은 컴퓨터 운영체계 역시 플랫폼이다. 애플의 아이폰이 세기의 혁신인 이유는 제품 자체가 곧 플랫폼이기 때문이다.

21세기 들어 대성공을 거둔 비즈니스 중에 플랫폼을 활용하지 않은 것이 별로 없다. 지난 2010년 이후 현재까지 전 세계 유니콘 기업 수는 200개가 훌쩍 넘는데 이들 대부분은 플랫폼으로 성공했다. 전통적인 소비재 강자 쓰리엠은 여러 개의 과학기술 플랫폼을 가지고 있고 매년 연구개발에 매출의 6퍼센트가량을 투자한다. 예를 들어, 세라믹 연구팀은 경쟁사보다 5~10년 앞서가는 세라믹 원천기술만 끊임없이 개발한다.

플랫폼을 지배하는 조직이 되려면 구성원들이 플랫폼 사고 능력을 가져야 한다. 미국 노스웨스턴대학의 켈로그경영대학원 모한비르 소니Mohanbir Sawhney 교수는 플랫폼 사고를 "기업의 활동이나 상품에서 공통된 논리와 구조를 찾아내어 이를 활용하는 것"이라고 정의했다.

쉽게 말하면 모든 문제를 플랫폼 관점에서 접근하는 것이다. 그리고 이를 위해서는 융복합적 관점에서 큰 그림을 그리는 것이 중요하다. 4차 산업혁명 시대에 인공지능이 더 정교해지고 성능이 강화되더라도 연상과 창의성을 바탕으로 큰 그림을 그리는 데는 인간의 능력을 따라오기 힘들 것이다.

그러나 플랫폼으로 사고하고 플랫폼을 설계해내는 능력에 한 가지 제약 요인이 있다. 바로 지적 능력의 전문화다. 20세기 현대공업의 발전은 분업과 전문화를 기반으로 했다. 직원을 고용하는 것도 전문화된 스킬을 사는 것이다. 그런데 전문화는 플랫폼 사고의 반대편에 서 있다. 집중하는 주제의 폭을 최대한 좁힘으로써 달성되기 때문이다. 즉, 폭넓은 경험과 시도보다는 한 가지를 파고들 때 전문화가 된다.

지금까지 기업의 인재 육성 방식 역시 전문화의 전통 위에 서 있다. 한 가지 업무를 가장 효율적으로 처리하는 방식을 바탕으로 표준 교안을 만들어 훈련시킨다. 교육의 목적은 지식을 전파하고 직원의 행동을 조직이 원하는 방향으로 변화시키는 것이다. 그 뿌리는 스키너^{B. F. Skinner} 등으로 대표되는 행동주의 심리학과 프레드릭 테일러로 대표되는 과학적 관리에 있다. 그러나 언제 새로운 플랫폼이 출현해서 나의 밥그릇을 빼앗아갈지 모르는 시대에 한 가지 주특기에 모든 것을 거는 것은 위험하다.

플랫폼 설계 능력을 키우는 법 ────

그렇다면 전문화 기반의 교육 모델을 벗어나 플랫폼 설계 능력을 키우려면 어떻게 해야 할까?

우선은 한 분야의 전문성을 쌓는 데서 시작해야 한다. 전문성에 갇히는 것은 융복합 인재가 되는 데 장애 요인이지만, 하나의 주특기가 없이 융복합 인재가 된다는 것도 말이 안 된다. 개발이건 마케팅이건 연구조사건 일단 한 가지는 확실히 잘해야 한다. 그 다음에는 다른 분야로 경험의 범위를 확대해간다. 인문학도 좋고, 소비자 이해도 좋고, 디지털 전문성도 좋다. 어느 정도 분야가 넓혀졌다고 판단이 되면 다양한 분야가 교차되는 분야의 프로젝트를 통해 융복합의 경험을 쌓아야 한다. 이때 실패는 필수다. 실패를 통해 경험을 축적하고 피드백을 받는다.

이런 과정이 일정 기간 지속되면 성공 경험이 쌓이기 시작한다. 여기에 자신감이 붙으면 그때는 정말 대단한 시도를 할 수 있다. 실리콘밸리의 스타 창업가들은 서너 번의 실패를 겪고 대박을 터뜨리는 경우가 많다.

그러나 융복합 인재로서 갖춰야 할 통찰력은 단기간에 키워지는 것이 아니라는 점을 알아야 한다. 폭넓은 학습, 꾸준한 자극, 높은 몰입 수준을 유지해야 한다. 이런 과정은 어떤 한 교육 기관이나 기업에서 완결적으로 경험하기는 어렵다. 통찰력을 키우는 교육을 따로 하는 것이 아니라, 모든 교육이 통찰력 배양을 염두에 두고 설계가 되는 것이 맞다.

플랫폼을 설계해 내는 통찰력의 최고 수준을 보여준 좋은 사례는 구글 딥마인드 창업자 데미스 하사비스^{Demis Hassabis}다. 딥마인드는 이세돌 9단과 세기의 대결에서 승리한 알파고를 개발한 회사다.

하사비스는 단순한 경영자가 아니다. 북부 런던 출신인 그는 어려서부터 체스 신동이었고 13살에 체스 마스터가 됐다. 그러다 컴퓨터 게임에 빠져 학교를 잠시 그만두고 17살부터 직접 개발에 참여하기 시작했다. 학부에서는 컴퓨터공학을 전공했지만, 대학원에서는 신경과학을 배웠다. 2005년에는 게임 개발에서 은퇴 후 인공지능 분야로 관심을 돌렸고, 2010년에 딥마인드를 창업했다. 이 회사는 2014년 구글에 인수되었고, 2016년 알파고를 가지고 세기의 대결을 치르게 된 것이다.

만약 하사비스가 체스나 컴퓨터공학이나 인공지능 같이 어느 한 가지 분야만 파고들었다면 이런 성과를 얻을 수 없었을 것이다. 왕성한 지적 호기심과 자기가 좋아하는 것에 빠져들 수 있는 천성은 다른 사람이 이루기 어려운 업적을 가능하게 만들었다.

협업을 주도하는
퍼실리테이션형 인재

4차 산업혁명 시대는 조직 차원에서 '제휴하고 협업하는 능력'이 요구된다고 했다. 조직 차원에서 이것이 가능하기 위해서는 구성원 중에 '퍼실리테이션형 인재'가 많이 필요해진다.

지금까지 다양한 인재상의 필요성을 역설했지만, 한 사람이 그런 역량을 모두 갖추기를 기대하기는 힘들다. 예를 들어, 어떤 사람은 문제해결 능력이 뛰어나고, 다른 사람은 디지털 활용 능력이 우수하다, 또 다른 팀원은 큰 그림을 그리는 능력이 탁월하다. 이렇게 필요한 모든 인재를 조직 내에 가지고 있더라도 그것을 제대로 활용하여 성과를 내는 것은 또 다른 문제다. 퍼실리테이션형 인재는 이런 다양한 인재들의 강점을 한 방향으로 잘 결집하여 조직 목표를 달성하는 데 기여하는 사람이다. 좀 더 쉽게 말하면 조직 내·외부적으로 협업이 잘 이루어지도록 하는 사람이다.

이런 인재들은 다른 사람들에게 명령이나 지시를 하기보다는 제안하고 의견을 묻는 식으로 일을 한다. 일방적으로 요구하지 않고 설득하고 동의를 구하기 때문에 함께 일하는 상대방은 오히려 더 책임감을 더 느낀다. 마지못해 하는 것이 아니라 자발적으로 일을 하기 때문에 몰입도도 높아지고, 반대로 스트레스는 적게 느끼는 것이다.

이런 식으로 일하는 인재들이 많은 대표적인 회사가 구글이다. 구글의 개발자들은 업무 시간의 20퍼센트 정도를 자기가 스스로 정한 프로젝트에 쓸 수 있는 것으로 잘 알려져 있다. 프로젝트는 자발적으로 모인 팀들이 함께 수행한다. 주도하는 직원은 자연스럽게 정해지지만, 그렇다고 '이거 해라, 저거 해라' 식으로 명령하지 않는다. 퍼실리테이션형 인재가 아니라면 이런 유동적fluid 팀 속에서 적응하기는 쉽지 않다.

4차 산업혁명 시대에는 인력의 노마드화, 프로젝트 중심 업무 환경, 조직의 수평화 등 변화 때문에 퍼실리테이션형 인재에 대한 수요가 커진다. 과거에는 대부분의 업무가 안정적인 피라미드 형태의 조직 내에서 상사의 지시, 통제에 기반하여 이루어졌다. 업무는 대부분 부서나 팀 안에서 완결적으로 이루어지고 팀원들도 서로 수년간 손발을 맞춰온 사이라 척하면 척 쉽게 통했다. 퍼실리테이션 역할을 발휘할 필요가 크지 않았던 것이다.

그러나 이런 상황은 빠른 속도로 바뀔 것이다. 머지않아 인력의 30~40퍼센트가 프리랜서인 시대가 온다. 일하는 방식도 프로젝트 중심으로 과업을 완수하면 다시 팀이 이합집산하는 방식이 위주가 된다. 팀원들의 다양성은 더 높아질 것이고, 직장인들은 처음 만난 팀원들과 같이 일하는 법을 배우지 않으면 안 된다. 혼자 해도 되는 일은 대부분 인공지능이 대신한다.

퍼실리테이션형 인재의 조건 ───

일찍이 1938년에 조직이론의 고전 《The Functions of the Executive》를 저술한 체스터 바나드Chester Barnard는 조직 내 협업이 가능하려면 공동의 목표, 돕겠다는 의지, 의사소통이 갖추어 져야 한다고 했다. 퍼실리테이션형 인재는 조직 내에 이런 것들이 갖 추어지도록 보이지 않는 역할을 해야 한다. 그렇다면 이런 인재들이 갖추어야 하는 자질 및 특성이 구체적으로 무엇인지 살펴보자.

1. 외적으로 집중하는 태도

외적으로 집중한다는 것은 회사보다는 고객의 니즈를 우선시하 고, 부서보다 회사 전체를 먼저 생각하고, 자기 생각보다는 팀의 입장을 먼저 고려하는 것이다. 스킬이라기보다는 태도, 성향에 가깝다. 협조적인 분위기를 이끌어내려면 자기 입장에서 외부를 보려는 ^{inside-out} 접근보다는, 전체적 맥락에서 내부를 들여다보는^{outside-in} 관점이 필요하다. 그러나 무한경쟁에 익숙한 사람들에게는 이것이 쉽지 않다. 외적으로 집중하는 능력은 4차 산업혁명 시대에도 매우 희소한 자질이 될 것이다.

2. 차이에 대한 개방성

팀으로 일하다 보면 다양한 의견 차이, 역할 갈등 등이 발생할 수밖에 없다. 갈등에도 건설적 갈등과 그렇지 않은 갈등이 있다. 건설적(인지적) 갈등은 동일한 목표를 추구함에 있어 방법의 차이를 보이는 경우다. 이것은 대화, 협상, 논쟁을 통해 충분히 해소될 수 있다.

그러나 여기에 전제는 서로 다른 의견에 대한 개방적 자세가 있어야 한다는 것이다. 남이 하는 비판에 대해 일단 열린 자세로 들을 수 있어야 한다. 피드백을 통해 배울 것은 배우겠다는 자세가 필요하다. 이것은 학습 민첩성의 한 축인 대인적 민첩성^{People Agility}에 해당한다.

차이에 대한 개방성을 갖춘 사람은 다양한 사람들과 교류하는 것을 즐기고, 서로 다른 관점 및 팀원들의 강약점을 잘 이해하여 공통의 목표를 달성하는 데 활용한다.

3. 높은 수준의 공감 능력

'공감'의 영어 단어 empathy의 어원은 독일어 Einfhlung(ein: 안으로, fuhlung: 느끼다)에 기원을 둔 것으로, '타인의 마음, 감정, 생각을 내가 그 사람의 입장으로 들어가서 느끼고 지각한다'는 것이다.

미국의 문화인류학자 로먼 크르즈나릭^{Roman Krznaric}은 공감을 '다른 사람의 처지가 되어 보고, 그들의 감정(정서적 측면)과 관점(인지적 측면)을 이해하고, 그 이해를 활용해 우리의 행동을 인도하는 과정'이라고 말했다. 타인의 생각, 감정, 기분을 잘 감지하는 사람일수록 자신의 생각과 입장을 전달하고 설득하는 데 효과적이라고 한다. 타인에 대해 공감을 하는 것이 팀과 조직의 공감대를 형성하는 전제가 되고, 그것이 바탕이 되어 협업이 가능하기 때문이다.

4. 신뢰를 부르는 커뮤니케이션 스타일

퍼실리테이션형 인재는 팀 안에서 촉매의 역할을 하는 사람이다. 팀 협업을 이끌어내는 과정에서 가장 중요한 것은 대화와 소통이다. 명확한 의미전달 능력은 기본이고, 더 중요한 것은 경청하는 자세다. 제일 중요한 것은 적절한 질문을 던지는 능력이다. 좋은 질문은 백 마디 말보다 중요하다.

커뮤니케이션이 효과적이기 위해서는 상대에게 진정성이 전달되어야 하는데, 진정성은 그 사람에 대한 팀원들의 신뢰에 기반한다. 사실, 커뮤니케이션에 있어 신뢰의 중요성에 대해서는 고대 그

리스의 철학자 아리스토텔레스도 이미 《시학》에서 강조한 바 있다.[21]

5. 폭넓은 식견 및 조직에 대한 통찰

퍼실리테이션형 인재는 팀 안에서 가장 뛰어난 역량을 가진 인재일 필요는 없다. 그러나 우수한 인재들이 팀으로써 좋은 결과물을 만들어내도록 하려면 다양한 이슈에 대한 식견과 사람에 대한 통찰력은 필수다. 협업 상황에는 여러 팀원으로부터 대량의 정보와 아이디어가 쏟아져 나온다. 그런 내용과 맥락을 이해하고 적절히 이끌어가기 위해서는 큰 그림을 볼 줄 알아야 한다. 그래야 우수한 역량을 갖춘 팀원들로부터 존경을 받을 수 있기 때문이다.

인재 선발 전략 1.

인재 선발의 오류를
최소화한다

지금까지는 4차 산업혁명 시대에 맞는 새로운 인재상을 살펴보았다. 인재상에 대한 이해를 명확히 하면 인재 확보 전쟁에서 이기기 위한 방향성은 찾은 셈이다. 그러나 그것만으로 충분하다고 할 수는 없다. 성공적인 선발은 실제로 인재상에 맞는 사람을 잘 가려내고, 맞지 않는 사람을 걸러내는 까다로운 작업까지 잘 마쳤을 때 가능하기 때문이다. 그러나 사람들은 대체로 사람을 뽑을 때 잘 뽑는 것보다 빨리 뽑는 데 치중하는 경향이 있다.

미국 스탠퍼드 경영대학원 제프리 페퍼^{Jeffrey Pfeffer} 교수는 고성과 기업의 인사 관행을 조사하여 대표적인 성공 요인을 일곱 가지로 정리했는데 그중 하나가 '신중한 채용'이었다.

카드 및 은행 서비스 전문기업 캐피탈원^{Capital One}의 전 CEO 리처드 페어뱅크^{Richard Fairbank} 역시 "많은 기업의 실수는 2퍼센트 시간을 들여 사람을 뽑고 75퍼센트 시간을 이들을 관리하는 데 사용한다는 것"이라고 주장한 바 있다.

실리콘밸리 스타트업으로 시작해 세계적 대기업이 된 구글은 이런 오류를 범하지 않기 위해 창업 초기부터 HR 업무의 90퍼센트는 채용이라고 선언했다.

하버드 경영대학원은 5만 명 이상의 직장인을 대상으로 한 연구에서 나쁜 후보자 한 명을 걸러내는 것이 탁월한 후보자 1명을 뽑았을 때보다 재무적으로 2배 정도 긍정적인 효과가 있음을 밝히기도 했다.

국내에서는 지난 2013년 《면접의 비밀》이라는 책이 대중적 관심을 끌었다. 삼성그룹에서 30년 가까이 근무하며 채용 등 인사업무를 담당했던 저자는 재직 시절 입사 면접 성적 상위 20퍼센트와 하위 20퍼센트 집단의 업무 성과를 5년간 살펴본 결과, 면접 성적과 업무 성과 간에 아무런 상관관계가 없었다는 대목을 지적하고 있다. 가장 대표적인 선발 도구 중 하나인 면접이 인재 선발 도구로서 가진 한계를 잘 보여주는 대목이다.

인재 선발에서 정확도를 높이는 법 ———

사람을 뽑는 것은 예술이고 또 과학이다. 최대한 객관적이고 정교한 선발을 하려고 하지만, 4차 산업혁명 시대가 된다고 해서 사람을 뽑는 일이 갑자기 100퍼센트 과학이 되기는 어려울 것이다. 그러나 경험을 토대로 신중한 제도 운영을 한다면 어느 정도까지는 선발의 정확도를 높이는 것이 가능하다. 대표적인 방법을 예를 들면 아래와 같다.

1. 스펙에 대한 맹신 탈피

사실, 스펙대로 뽑으면 쉽다. 그러나 실패 확률도 높다. 스펙과 성과는 상관관계가 거의 없다는 것이 많은 연구 결과 밝혀졌다. 스펙은 일반화된 수치인 반면 직무별 요건은 구체적이기 때문이다. 한 대기업의 채용과 평가 데이터를 교차분석했을 때 대졸 신입 입사 5년차 평가에서 소위 학벌이 뛰어난 직원들이 저성과자의 절반 가까이를 차지한 것을 보고 놀란 적이 있다.

2. 전형 도구 최적화

서류 심사, 인적성 검사, 면접, 시뮬레이션, 경쟁 PT 등이 모두 전형 도구이고 저마다의 장단점이 있다. 한두 가지로는 정확한 판단이 어렵지만 무한정 늘릴 필요도 없다. 여기에도 파레토 법칙이 적용되어 적정수 이상에서는 부가적 실익이 매우 작기 때문이다. 성격이 다른 네 가지 정도의 도구를 적절히 활용하면 충분한 수준의 검증 타당성을 확보할 수 있다. 단 어떤 도구를 조합해 쓸 것인지는 뽑는 직무와 포지션에 따라서 최적화할 필요가 있다.

3. 타당성 없는 선발 방식 지양

채용시즌만 되면 기발한 전형방식이 언론에 소개된다. 술자리 면접, 장기자랑 면접, 노래방 면접, 산행 면접 등등 다양하다. 그러나 타당성이 검증되지 않은 선발 방식은 좋은 후보자를 탈락시키거나 결과를 왜곡하기 쉽다. 특이 전형을 지속적으로 실행하는 회사가 별로 없다는 것이 그 반증일 것이다.

4. 다양한 관점의 면접

정규직 직원을 선발할 때 대개 2~3차의 면접을 본다. 중요한 것은 횟수보다 면접의 관점이다. 필자는 네 가지 관점을 반영하는 것을 추천한다. 같이 일할 부서(상사)의 관점, 공통 역량과 인성 평가를 위한 HR 관점, 장기적 미래를 보는 임원 관점, 조직 내 협업 능력 검증을 위한 제3자(동료) 관점이다. 면접은 정교하기도 해야 하지만 균형도 중요하기 때문이다.

5. 구조화 면접으로 평가자 오류 감소

사람이 하는 면접에 편견과 오류가 없을 수 없다. 무성의한 태도, 불필요한 질문, 차별적인 발언으로 물의를 빚기도 한다. 2016년 취업 포털 사람인의 조사에 따르면 구직자 676명 중 86퍼센트가 '면접 때문에 해당 기업 이미지가 나빠졌다'고 한다. 직무별 필요 역량, 자질, 행동에 맞게 질문하도록 면접을 구조화하고 면접관을 잘 훈련시키면 오류가 감소하는 것으로 알려져 있다.

6. 에세이 방식의 면접 기록

보통 기업의 면접 평가지는 면접 평가 등급과 간단한 메모를 적는 란으로만 구성된다. 면접관 중 C가 있으면 탈락, B가 두 명이면 탈락 식으로 기계적으로 평가하는 경우가 많다. HR 업무의 90퍼센트가 채용이라고 공언하는 구글은 면접의 질문, 답변, 대화 내용을 모두 적은 후 코멘트를 쓰도록 한다. 이렇게 하면 면접의 질이 높아지고 주관적 오류가 줄며 사실에 기반한 선발이 될 가능성이 높아진다.

7. 공개 경쟁 방식 적용

IT 직군에서는 코딩을 얼마나 해보았는지 면접으로 묻기보다는 실제 해보게 하는 것이 확실한 검증이다. 복잡한 문제해결, 협업 능력, 디지털 역량, 학습 능력 등 4차 산업혁명에서 요구되는 여러 행동 역량들이 실제 상황에서 경쟁을 시켜봄으로써 검증이 가능하다. '카카오톡' 서비스를 운영하는 카카오는 2018년 1월 입사 신입개발자 공채를 블라인드 코딩 테스트 방식으로 실시했다. 경력직 전문가 대상으로는 경쟁 프레젠테이션 등의 방식이 좋다.

8. 구성원을 활용한 평판 조회

최근 경력직 채용에서는 평판 조회가 보편화되었다. 주로 필요에 따라 인사담당자나 외부 업체가 사후적으로 실시한다. 구글은 이것이 내부 시스템화되어 있다. 검색 로봇이 지원자 이력서와 기존 직원 이력서를 대조해서 학력이나 경력에 겹치는 부분이 있으면 의견을 구하는 이메일이 직원에게 날아간다. 약 6만 명의 구글 직원 중에는 웬만한 IT 업계 출신이 다 있기 때문에 상당히 정확한 평판 조회가 가능하다.

인재 선발 전략 2.

데이터를 분석하여 선발한다

최근 들어 빅데이터와 인공지능을 활용하여 일부 채용 프로세스를 운영하는 기업들이 많아지고 있다. 물론 아직까지는 이런 시도들이 '효율성' 관점에서 주로 조명되고 있고, 채용의 정확성을 얼마나 높였는지에 대해서는 충분히 알려져 있지 않다. 그러나 시간이 갈수록 많은 기업들이 이런 방식을 시도할 것이라는 것은 충분히 예상된다. 채용 규모가 상당한 기업이라면 이런 모델을 긍정적으로 고려해보는 것도 나쁘지 않을 것이다.

다만, 기업들이 이런 방법을 도입하더라도 알고리즘을 도출해서 신뢰성을 검증할 수 있을 때까지는 보통 3~4년 정도가 소요된다는 사실을 알아야 한다. 지금까지 비교적 성공적으로 데이터 기반 선발을 도입한 회사들은 이미 데이터 및 디지털 활용 능력에 한참 앞서 있는 기업들이다. 따라서 지금으로서는 먼저 데이터 분석을 위한 자체 역량을 갖추고, 데이터를 쌓고, 1차 모델을 만들고, 여러 번에 걸쳐서 검증하는 노력이다. 선도적으로 이런 시도를 한 기업 사례를 참고하는 것도 도움이 될 것이다.

1. 구글: 서류 검토 및 면접 보조에 인공지능 활용

구글에는 해마다 200만 명 이상의 후보자가 지원을 하기 때문에 일일이 사람의 손으로 지원서를 검토하는 것은 물리적으로 불가능에 가깝다. 그래서 빅데이터 분석을 바탕으로 자체 서류 검토 시스템을 개발했다. 면접을 할 때도 '큐드로이드qDroid'라고 하는 인공지능 솔루션이 보조면접관 역할을 하는데, 지원서 분석을 바탕으로 면접관에게 어떤 질문을 던져야 할지 알려주는 식이다.

2. 삼성: 머신러닝 기반 텍스트마이닝으로 자소서 평가

2015년 신입 채용부터 적용하여 언론의 주목을 받았다. 약 20여 년간 축적된 입사자 이력·자소서, 입사 후 성과 등을 분석했다. 지원자의 자소서에서 핵심 내용을 추출, 삼성의 인재상 및 핵심가치와 비교하여 평가를 한다. 수십만 명의 신입 지원자의 서류를 빠른 속도로 처리할 수 있다. 향후 인력배치와 인사관리에도 활용할 수 있을 것으로 보인다. 2017년 초 삼성이 그룹공채를 폐지한다고 했지만, 일단 확보한 삼성의 분석 능력은 계속 활용할 수 있을 것으로 보인다.

3. 소프트뱅크: IBM 왓슨을 이용한 서류 전형

일본의 세계적인 소프트웨어 기업 소프트뱅크^{SoftBank} 역시 2017년부터 인공지능을 활용한 서류 전형을 실시하고 있다. IBM '왓슨^{Watson}' 엔진을 활용한 테스트에서 인공지능은 인사담당자보다 60배 빠른 속도를 보였으며 평가에 있어서는 사람과 거의 동일한 판단을 보였다고 한다. 인공지능이 불합격 판정한 후보에 대해 인사담당자들이 다시 한 번 검토를 했는데도 업무시간이 75퍼센트가량 줄었다.

4. 퍼스트잡: 챗봇을 활용하여 채용 프로세스 자동화

미국의 유명 채용 사이트 퍼스트잡$^{First\ Job}$은 인공지능 기반 챗봇 '미아^{Mya}'를 도입, 채용 프로세스의 4분의 3 정도를 자동화할 수 있다고 한다. 구직자와 로봇 간의 채팅을 통해 후보자가 원하는 기업문화, 연봉 수준, 인사제도 등 구미에 맞는 회사를 추천해줄 뿐 아니라, 지원 후 탈락 시에는 어떤 부분이 부족했는지 설명해준다. 기업의 인사담당자 입장에서는 모든 시간을 면접에 집중함으로써 최적의 인재를 뽑을 가능성이 높아진다.

5. SK: 부서 배치 등에까지 인공지능 활용

2017년에는 SK가 IBM 왓슨 기반 인공지능 '에이브릴^{AIBRIL}'을 활용하여 자기소개서 평가 파일럿 테스트에 성공했다. 이 테스트는 생산·연구·개발·경영과 같은 다양한 직무에서 매년 1만 명이 넘는 사람이 지원하는 SK하이닉스를 대상으로 실시했다. 에이브릴이 자기소개서 하나를 평가하는 데 걸리는 시간은 평균 3초, 인사담당자의 평가점수와의 오차범위는 15퍼센트 이내였다. 앞으로 지속적으로 데이터를 축적해나가면 오차범위는 더욱 줄어들 것이며, 앞으로 자기소개서 평가를 넘어 입사 후 부서 배치 등 더 많은 인재관리 분야에 인공지능을 활용할 것이라고 한다.

채용 브랜드로
인재 확보의 질을 높인다

인사부서 업무 중 가장 힘들고 시달리는 것을 하나만 꼽자면 채용이라고 할 수 있다. 사람을 뽑는 속도보다 결원이 빨리 생기고, 현업에서는 '사람을 안 뽑아줘 일을 못 하겠다' 불만이고, 헤드헌팅을 쓰려면 비용 때문에 벌벌 떠는 것이 채용 담당자의 현실이다. 그럼에도 불구하고 채용부서가 약속한 기한 내 인재를 뽑는 것은 양적 성공에 불과하다. 그 인재가 잘 적응하고 몰입해서 성과를 내야 질적 성공이라고 할 수 있다.

현실은 낙관적이지 않다. 한국경영자총협회가 2016년 전국 306개 기업을 조사한 결과 대졸 신입사원의 1년 이내 퇴사하는 직원 비율이 27.7퍼센트로 나타났다. 300인 이상 기업은 9.4퍼센트, 300인 미만 기업은 32.5퍼센트였다. 선발한 인재가 실력 발휘도 하기 전에

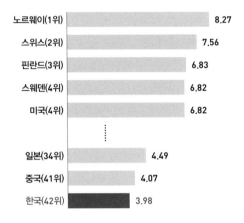

노르웨이(1위)	8.27
스위스(2위)	7.56
핀란드(3위)	6.83
스웨덴(4위)	6.82
미국(4위)	6.82
일본(34위)	4.49
중국(41위)	4.07
한국(42위)	3.98

0에 가까울수록 해외에 나간 인재가 국내로 돌아오지 않음을 의미. 2015년 기준. 괄호 안은 순위. 자료=국제경영개발연구원(IMD)

이직하는 것도 채용의 실패라고 할 수 있다. 그러나 급하다고 급여와 복지로 인재를 유인했을 때는 금방 또 다른 경쟁사에 빼앗기기 쉽다. 돈으로 인재를 사오는 것은 쉬운 방법이지만 누구나 카피할 수 있기 때문이다. 지원자의 입장에서도 "돈 때문에 옮겨왔다"고 생각한다면 더 좋은 보상을 제시하면 옮길 수도 있는 것이다.

스위스 국제경영개발연구원IMD이 발표한 〈2015 세계 인재 보고서〉에 따르면 한국의 두뇌 유출Brain Drain 지수는 10점 만점에 3.98이었다(〈표 2-5〉). 인재 10명 중 6명이 한국을 떠나서 일하고 싶어한다는 의미다. 조사 대상 61개국 중 44위에 해당하며 말레이시아(19

위), 터키(25위), 태국(28위), 인도(29위)보다 낮다. 놀라운 사실은 오히려 1995년 같은 조사에서 한국 점수는 7.53으로 상당히 양호했다는 점이다. 〈조선일보〉는 좀 더 자세한 실정을 알아보기 위해 2016년 6~7월 사이 이공계 박사 1,005명 대상 긴급 설문을 실시했다. 그 결과 '해외 취업을 우선 고려하겠다'는 응답이 47퍼센트로 '국내에 남겠다'는 31퍼센트보다 뚜렷이 높았다.

사정은 대기업이라고 다르지 않다. 삼성의 독자 모바일 운영체제를 개발했던 한 핵심급 임원은 2015년 10월 구글코리아로 옮겼다. 역시 삼성전자에서 오래 근무하고 중국 화웨이의 모바일 디자인 총괄사장으로 옮긴 사례도 언론을 통해 알려진 바 있다. 인터넷과 게임 분야의 젊은 엔지니어들도 줄줄이 해외로 떠나거나 이직을 준비하고 있다. SK그룹의 한 CEO는 "요즘 공대생의 취업 1순위는 구글, 2위는 네이버, 3위가 대기업"이라며 "한국의 젊은 인재들이 대기업을 바라보는 현실이 안타깝다"고 말했다.

진공청소기처럼 인재를 빨아들이기로 유명한 구글의 사정은 어떨까? 이 회사는 2014년 한 해 정규직 6,000명을 뽑았다. 지원자는 약 300만 명이었다고 한다. 탈락 확률 99.8퍼센트. 그런데도 왜 그렇게 많은 이들이 지원을 하는 것일까? 바로 구글이라는 회사가 갖는 채용 브랜드의 힘 때문이다. 세계 최고의 인재들과 좋은 기업 문화 속에서 일하고 경력 가치도 높일 수 있기 때문이다. 좋은 직원이 좋은 회사를 만들고, 좋은 회사가 좋은 직원을 뽑는 선순환 구조를 만든 것이다.

채용 브랜드가 새로운 기업 경쟁력 ————

지금은 기업의 채용 브랜드가 공공연히 드러나는 시대다. 2014년 4월 서비스를 시작한 기업 리뷰 및 취업정보 포털 '잡플래닛'은 2016년 말 기준 국내 소재 기업 약 90퍼센트에 대한 정보를 제공하며, 월 평균 약 300만 명이 방문하여 전·현직 직원들이 제공한 상세한 경험담을 읽고 있다.

기업들도 자사 채용 브랜드에 대해 외부 인재들이 어떻게 인식하는지 파악하고 각종 마케팅 기법과 스토리텔링을 통해 관심을 유도하지 않으면 아무리 돈을 써도 제대로 된 인재를 확보하기 어려워질 것이다. 실제 경력직 면접을 해보면 지원자들의 대부분이 잡플래닛에서 해당 기업 포스팅을 다 읽고 오는 경우가 많다.

채용 브랜드가 강한 기업의 직원들은 회사의 미션, 경영진, 상사, 조직문화를 긍정적으로 평가하고 업무 몰입도 역시 높은 편이다. 2012년 글로벌 인사 컨설팅 기업 타워스왓슨Towers Watson은 한국 직장인 1,000명을 대상으로 업무 몰입도, 채용 브랜드, 인사제도 효과

업무 몰입 관련 문항	문항별 긍정응답률			조직/ 인사영역
	강한 채용 브랜드(a)	약한 채용 브랜드(b)	차이 (a)-(b)	
우리 회사는 혁신적 아이디어에 대해 적절히 보상한다	70%	15%	55%p	혁신문화
우리 경영진은 미래 리더를 효과적으로 육성한다	64%	12%	52%p	승계계획
우리 회사는 충분한 직원 역량개발 기회를 제공한다	63%	15%	48%p	직원육성
우리 회사에서는 내 필요에 맞는 유연한 근무형태가 가능하다	61%	13%	48%p	유연근무
평가 피드백은 나의 성과 향상에 도움이 된다	81%	34%	47%p	평가관리
고객만족을 위해 부서 간 협조가 원활하나	73%	26%	47%p	부서 간 협조
나의 직속상사는 전반적으로 효과적으로 업무를 수행한다	69%	22%	47%p	직속상사
우리 부서는 매우 효율적인 팀워크를 발휘한다	70%	24%	46%p	팀 효과성
나는 동종 기업 유사직무 수행자 대비 적절한 보상을 받는다	65%	20%	45%p	보상경쟁력
경영진은 구성원에 영향을 미치는 결정 전 충분한 의견수렴을 한다	56%	12%	44%p	권한이양
나는 우리 경영진이 회사를 잘 이끌어 가고 있다고 믿는다	59%	21%	38%p	리더십
나는 우리 조직의 목표를 명확히 이해하고 있다	67%	36%	31%p	조직목표

성 등에 대한 조사를 했는데 고몰입 직원의 70퍼센트가 회사의 채용 브랜드를 긍정적으로 평가했다. 반면 저몰입 직원은 12퍼센트만 긍정적으로 답했다. 채용 브랜드를 긍정적으로 평가한 직원들은 그

렇지 않은 직원들 대비 리더십, 보상, 문화, 조직문화 등에 대해서도 40~50퍼센트포인트 더 긍정적으로 응답했다(〈표 2-6〉). 강력한 채용 브랜드를 갖는다는 것은 조직관리 전반에서 경쟁력을 갖추는 것과 다르지 않다는 말이다.

채용 브랜드를 강화하는 것은 기업 입장에서 전략적인 투자다. 그렇기 때문에 채용 브랜드 수립에는 보통 오랜 시간이 걸린다. 조직의 긍정적 변화를 구성원이 먼저 느끼고, 지원자와 외부 사회까지 공감해야 하기 때문이다.

그러나 비교적 짧은 기간에 채용 브랜드를 전략적으로 강화한 사례도 있다. 대표적인 경우가 글로벌 제약사 노바티스^{Norvatis}다. 2009년 수요가 급증한 항암제 사업 분야에서 1,000명 이상의 인재를 1~2년 사이에 채용하는 전략 과제가 주어졌다. 이에 회사는 대형 캠페인 'Open Employee Generation'을 가동하고, 노바티스에서 일한다는 것의 의미를 우선 구체화했다.

그러고는 생생한 인터뷰와 스토리를 만들어 동영상, 문서 등의 형태로 다양한 채널(웹사이트, 비즈니스 블로그, 온라인 광고, 업계 커뮤니티, 뉴스, TV 등)을 통해 확산시켰다. 92명의 직원 홍보대사는 첨단과학을 현실화해 암 환자에게 희망이 되고 인류에 기여하는 데 대한 자부심을 육성으로 전했다. 결과는 대성공이었다. 채용 목표 달성은 물론 해당 기간 이직률도 현격히 하락했고 사내 분위기 역시 좋아졌다. 캠페인 기간 전 세계 각국에서 노바티스의 기업 평판 역시 향상되었다.

　채용 브랜드의 중요성은 이미 현실이 된 지 오래지만 우리 나라 기업들 중에는 일부 대기업을 제외하고 아직 이를 본격적으로 관리해야겠다고 생각하는 경우가 많지 않아 보인다. 그러나 채용 브랜드는 그렇게 어렵고 이론적인 것이라기보다 인재 확보 현장의 현실로 봐야 한다. 이런 면에서 삼진어묵의 사례는 의미 있는 시사점을 준다.

　삼진어묵은 부산 지역에 기반하여 알찬 기업으로 커왔지만, 주요 대기업들에 비해서는 인재 확보 면에서 불리할 것이라 생각을 했다. 그러나 2015년 첫 신입 공채에서 사무직 8명 선발에 1,283명이 지원을 하여 160:1이라는 경쟁률을 기록했다. 초봉이 2,400만원밖에 안 되는 중견기업이 웬만한 대기업, 공무원 채용 경쟁률을 능가했다는 사실에 언론이 대서특필했다. 신입사원 인터뷰 결과 "미래 가능성이 높은 회사여서", "신입사원의 아이디어도 과감하게 받아들여 줄 것 같아서", "자율성을 존중하는 수평적 문화에 대한 기대감" 등 때문에 지원했다는 의견이 많았다. 이 회사는 광고비 한 푼 들이지 않고 돈으로 환산하기 어려운 가치를 얻은 것이다.

인재 선발 전략 4.

외부 핵심 인재를
공격적으로 영입한다

전통적 산업에서 성공적이었던 기업이 4차 산업혁명 환경에 맞도록 바꾸려면 사업, 조직, 문화가 모두 변해야 한다. 그러나 과거의 성공에 최적화된 기업의 내부 역량과 경험만으로는 어렵다. 이럴 때는 핵심급 인력을 과감하게 영입하여 변화를 촉진하는 것도 방법이다.

GE가 디지털 혁신을 추진하려고 할 때 시스코시스템즈^{Cisco Systems}에서 빌 루^{Bill Ruh} 부사장을 영입했던 것이 좋은 예다. 이멜트 회장은 2008년부터 디지털 기업으로의 전환을 준비했지만, 실질적인 변화가 시작된 것은 루 부사장이 GE디지털을 맡은 2011년 이후였다. 네이버도 마찬가지다. 2006년 초특급 개발자 약 40명을 보유한 '첫눈'을 350억 원에 인수했는데, 이 팀이 일본에 건너가 시행착오를 거친 후 만들어낸 것이 모바일 메신저 라인^{LINE}이다.

그러나 외부에서 핵심인재를 데려오는 것은 여러 가지 문제도 가지고 있다. 우선, 비중 있는 자리에 자꾸 외부 사람을 영입하면 내부 인재들의 동기가 떨어진다. 조직에 대해 더 잘 알고, 로열티도 높은 내부 인재들로서는 당연한 반응이다. 그러다 보니, 화려한 스펙을 지닌 외부영입 인사들에게 잘 협조를 하지 않고 심하면 조직적으로 반발을 하기도 한다. 조직의 리더급으로 뽑힌 사람들은 아무리 빨라도 1~2년은 지나야 내부 상황 파악을 하니 시간적으로도 손해다.

이런 점은 글로벌 컨설팅 기업 부즈알렌해밀턴^{Booz Allen Hamilton}의 2008년 조사에서도 나타난다(〈표 2-7〉). 북미와 유럽의 경우 내부 출신 CEO의 경영 성과가 외부 영입 CEO보다 뚜렷이 우수하다. 주주 수익률 기준, 내부 출신 경영자는 3퍼센트의 수익을 올린 반면, 외부 영입 경영자는 마이너스 1.4퍼센트로 나타났고, 유럽의 결과도 정도의 차이는 있지만 비슷한 패턴을 보인다. 그래서인지 CEO 평균 재임기간 역시 내부 출신이 6.4년으로, 외부 영입 인사의 4.8년보다 길다. 조직문화의 응집력과 순혈주의가 상대적으로 심하지 않은 서구 기업에서조차 이런 결과가 나온다면, 국내 기업의 경우는 아마도 더 심한 차이가 있지 않을까 추정해볼 수 있다.

따라서 외부인재를 영입하는 것은 치밀한 득실에 대한 계산을 거쳐서 판단할 일이다. 득실을 따짐에 있어 가장 중요한 것이 무엇일까? 관련 경험이나 전문성은 기본이고 필요조건이지 충분조건은

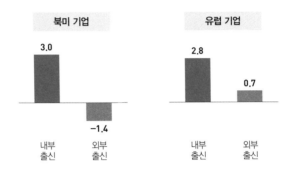

자료: CEO Succession 2007: The Performance Paradox, 〈Strategy+Business〉 Summer, 2008.(단위: %)

되지 못한다. 조직에 적응을 잘하는 것도 어느 정도는 필요하지만, 결정적인 요인이 될 수 없다. 조직 융화를 원한다면 외부인재를 안 뽑는 것이 상책이기 때문이다.

외부 인재를 영입할 때 가장 중요한 것은 '기존 조직을 변화시킬 능력이 있는가'다. 만약, 기존 조직 내부의 인재만으로도 충분히 변화를 추구해나갈 수 있다면 굳이 중량급 인사를 외부에서 데려올 이유가 없다. 그러나 그렇지 않다면 외부 사람을 모셔오는 것이 현명한 판단이 될 가능성이 높다.

예를 들어, 2017년 7월 신한은행은 조직 개편을 통해 디지털그룹을 신설하고 산하에 디지털전략본부, 디지털채널본부, 빅데이터

센터 등을 구성했는데 이 가운데 두 곳을 외부 인사에게 맡겼다. 빅데이터 전문가로 꼽히는 김철기 한국금융연수원 교수와 인공지능 전문가인 장현기 박사가 바로 그 주인공이다. 은행권은 전통적으로 순혈주의가 강하고, 특히 신한은행은 내부 인재와 육성 시스템에 대해 남다른 자부심을 가진 은행인데 이런 파격적인 인사를 했다는 점에서 언론의 주목을 끌었다. 물론, 나머지 한 개 본부의 리더 포지션은 공채 출신인 임준효 본부장이 맡도록 하여 균형을 고려했다.

한편, 외부에서 아무리 뛰어난 전문가나 리더급 인재를 모셔오더라도 기존 구성원들이 변화를 거부하거나 역량 부족으로 따라가지 못하면 혁신은 실패하고 만다. 기존의 사업, 일하는 방식, 가치 등에 연연하는 직원들에게 명확한 메시지를 전해야 한다.

이를 위해서 우선 조직의 미래를 이끌어갈 역량을 갖춘 사람들만 리더로 선발해야 한다. 직원들은 진부화된 지식과 경험에 얽매이지 않고 새로운 스킬을 쌓고 일하는 방식을 바꿔야 한다. 인적 구성 및 예산 배분에 있어서 새로운 사업에 우선적인 배려가 필요하다.

조직의 핵심적인 변화 방향에 대해서는 집중적인 교육을 실시할 필요가 있다. 일례로, GE의 경우 새로운 업무방식인 패스트웍스를 정착시키기 위해 짧은 기간에 4만 명의 직원을 교육시켰다.[22] 이런 인적 쇄신에 있어서 가장 중요한 것은 구성원들이 지시가 아니라 자율적으로 일을 추진, 관리할 수 있는 능력과 동기를 갖추도록 하는 것이다.

또 하나 중요한 것은 조직의 다양성을 높이는 것이다. 과거에는 조직에서 사람을 뽑을 때 시키는 대로 일을 잘하는 성실한 인재를 제일 좋아했다. 그러나 그런 인재만으로는 앞으로 망하기 쉽다. 조직 차원에서 창의, 혁신이 이루어지지 못하기 때문이다.

특히 중요한 것은 생각의 다양성이다. 인재의 유형으로 볼 때 둥글둥글한 인재뿐 아니라, 모나고 튀는 인재가 많이 필요하다. 이런 튀는 인재들이 입사하고 싶은 회사가 되려면 조직의 포용력이 높아야 한다. 192개 국가에서 사업을 영위하는 75개 글로벌 기업들을 대상으로 한 2013년 연구에 따르면 포용적인 조직문화를 가진 기업군이 그렇지 못한 기업군 대비 시장점유율 및 신규시장 개척에서 현저한 우위를 보였다.[23]

인재 육성에 대한 관심과
투자를 더 늘려야 한다

4차 산업혁명 시대에는 직장인 입장에서는 일자리가 줄어든다고 느끼지만 반대로 기업 입장에서는 뽑을 사람이 부족해서 고민인 역설적인 상황이 올 것임을 언급했다. 우수 인재 확보를 위한 기업 간의 경쟁 역시 채용 브랜드를 둘러싸고 치열하게 전개될 것이다. 따라서 외부에서 확보하는 것만 믿을 수는 없고 어떻게든 기존 구성원들에 대한 육성을 통해 역량 수준을 높이지 않으면 안 된다. 그러나 우리 기업의 인재 육성 투자가 충분한 수준일까?

지난 2016년 GE의 학습담당최고임원CLO, Chief Learning Officer이자 크로톤빌 연수원 책임자인 라구 크리슈나무르티Raghu Krishnamoorthy 원장은 국내 언론사와 인터뷰를 했다. 그는 최근 GE의 변화 모습과 혁신 사례를 소개하면서 "GE에서 학습은 필수조건이지 권리가 아니다"라며, 전사적으로 인재 육성에 연간 10억 달러 이상 투자하고 있다고 밝혔다. 원화 기준으로 1조 원이 넘는 돈이다.

이 내용을 접하고 보니, 한국 기업들은 직원 교육에 얼마나 투자하고 있을지가 궁금해졌다. 찾아보니 기업분석 전문업체 한국CXO연구소가 이미 2015년 이를 조사한 내용이 있었다.

매출액 기준 1500대 상장사 가운데 감사보고서에 교육비를 명시한 1,031개사의 교육비 총액이 2013년 기준 5,168억6,000만 원이었다. 1,000개 이상의 회사의 교육비를 합친 것이 GE 한 개 회사의 절반 정도라는 얘기다. 교육비 기준이나 회계의 차이일 수도 있다는 점을 백번 감안하더라도 비교 자체가 안 된다.

국내 기업들의 직원 인당 연간 교육비는 60만3,000원이었는데, 이는 월 5만 원꼴로 직장인들이 식사 후 커피 마시는 데 쓰는 비용 수준이다. 임박한 직업 혁명의 시대에 기업들은 우선적으로 직원 교육에 대한 투자를 늘려야 할 것이다. 그러고 나서 인력 육성의 패러다임을 바꿀 콘텐츠와 방법을 고민하는 것이 맞을 것이다.

사실 육성에 대한 투자에 관심이 부족한 것은 정부도 별로 다르지 않다. 고용노동부는 2016년 하반기 〈직업능력개발훈련 제도 개편 방안〉을 발간했다. 빅데이터, 사물인터넷, 핀테크 등 4차 산업혁명 시대 유망 직종을 겨냥한 교육과정을 개발하고, 이를 위해 관련 예산을 집중 지원하되 2017년 한 해 190억 원을 조기 집행한다는 내용이 포함되어 있다. 이 예산 규모가 어느 정도인지 가늠해보기 위해 우리나라 중고생 사교육 시장 규모를 확인해보았더니 2015년 기준으로 이미 33조 원으로 추산되고 있다. 정부가 4차 산업혁명 시대를 대비해 직장인들의 직업능력 개발에 투자하려는 금액이 아이들 사교육비 0.1퍼센트에도 미치지 못하는 것이다. 그나마도 2017년 초 탄핵 정국에서 제대로 집행이 되었을지 의문이다.

사회 전체로도 마찬가지다. 세계적인 경제지 〈이코노미스트〉 2017년 1월 특집호의 테마는 '평생교육'이었다. 개인, 기업, 국가 차원에서 4차 산업혁명 시대에 적극적으로 대응하기 위해서 인적 역량을 육성해야 하고, 학교교육뿐 아니라 평생교육 차원의 접근이 중요하다는 것이다. 그런데, 지금까지의 평생교육은 이미 교육 수준이 높은 사람들이 주로 수혜를 받기 때문에 역량 격차를 더 높이고 불평등을 심화시켜, 21세기에 대규모 하층 계급을 만들어낼 수 있다는 지적을 하고 있다.

예를 들어, 세계적인 무크^{MOOC} 교육 혁명을 주도하는 코세라^{Coursera} 과정의 수강자 중 80퍼센트 정도가 이미 대졸 이상 학위를 취득한 사람들이다. 게다가 최근에는 신입자들이 일을 하면서 배우는 OJT^{on the job training} 교육도 줄어드는 추세다. 좋은 직장에 다니는 사람들은 높은 연봉에 비싼 교육도 듣고 좋은 프로젝트 경험을 하지만, 저임금에 장시간 일을 하는 사람들은 당장 하는 일을 벗어나면 할 줄 아는 것이 없고, 밤낮없이 일만 하다 자기계발은 꿈도 못 꾼다. 그나마 하던 업무가 인공지능에 의해 대체라도 되면 꼼짝없이 길거리에 나앉거나 더 낮은 임금을 감수해야 한다. 이런 문제에 대응하기 위해 싱가포르 같은 나라는 25세 국민이면 누구나 500여 공인 강좌를 선택, 수강할 수 있도록 '개인 학습 계좌' 제도를 운영한다고 한다.

실무 역량을 높이는
교육에 집중한다

　　인적자원의 중요성을 인식하는 경영자라면 인재에 대한 투자가 다른 어떤 것보다 투자 대비 회수율이 높다는 것을 잘 알 것이다. 그러나 비즈니스 상황이 급박하고 당장 실적에 연연할 때는 구성원 육성이나 교육에 큰 투자를 집행하기가 주저되는 것도 사실이다. 이유는 간단하다. 직원 육성에 대한 투자는 직접 기업 성과를 높이지 않고 인적자원의 수준 향상이라는 단계를 거쳐서 간접적으로 영향을 미치고, 그 과정에 시차가 발생하기 때문이다. 따라서 인적자원에 대한 투자는 기본적으로 중장기적 관점을 필요로 한다.

　　다른 측면도 있다. 인재 육성, 즉 구성원들의 학습이 충분히 '목적 지향적'이지 못한 것도 하나의 원인이다. 여기에 대해서는 기업의 교육 체계가 달라져야 할 부분이 있다.

위에서 언급한 〈이코노미스트〉 기사에도 '미국인 중 16퍼센트만 이 좋은 직업을 갖기 위해 4년제 대학 학위가 필요하다고 생각한다'는 얘기도 나온다. 이 수치는 대학 교육이 직업 현장의 변화 속도를 못 따라간다는 의미로 볼 수도 있고, 대학 교육은 당장의 취업보다는 인문학과 과학 등 기초 학문 소양을 쌓기 위한 것이라고 해석할 수도 있다.

이와 관련하여, 모바일 메신저 라인을 일본 1위로 만든 라인의 전 CEO 모리카와 아키라는 《심플을 생각한다》라는 책에서 이렇게 말했다.

"회사는 학교가 아니다. 그래서 라인 주식회사에서는 교육을 실시하지 않는다."

이 얘기도 결국 학교에서처럼 단순히 수업 듣고 성적만 받는 교육은 필요 없다는 얘기다. 공교육이 몰락한 가운데 공룡이 된 사교육 전투장에서 아이들을 뺑뺑이 돌리는 한국 현실에서도 똑같이 적용될 수 있는 얘기다.

기업교육 현장도 하나 다를 것이 없다. 기업체 교육은 학교처럼 중간고사, 기말고사를 보지는 않지만 강의 평가를 한다. 교육생들이 '만족', '매우 만족' 평가를 하면 좋은 강의였다고 생각을 한다. 그러나 강의장에서 배운 것을 실무에서 '써먹는'(학습전이learning transfer라고 한다) 정도는 10퍼센트 전후에 그친다는 것이 많은 연구의 공통적 결론이다.

〈표 2-8〉
선진국형 교육 모델 vs 개도국형 교육 모델 비교

선진국형 교육 모델	개도국형 교육 모델
• 다양한 고전 독서에 기반	• 정형화된 요약서에 기반
• 학생은 질문을 잘해야 함	• 학생은 이해와 암기를 잘해야 함
• 지식을 편집하고 적용하는 것이 학습 목적	• 좋은 시험 점수 얻는 것이 학습 목적
• "왜 임진왜란이 일어났는가?"를 물어봄	• "임진왜란이 몇 년에 일어났는가?"를 물어봄
• 인공지능이 대체 불가	• 인공지능이 간단하게 대체 가능

물론, 교육이 필요 없다고 생각하지 않는다. 문제는 '어떤 교육이냐'다. 과거에도 그랬지만, 4차 산업혁명 시대에는 실무 또는 혁신에 응용하는 역량이 중요하다. 지식을 늘이는 교육이 아니라 역량을 키우는 교육이 되어야 한다는 것이다.

이와 관련하여, 미국 스탠퍼드대학교 폴 킴Paul Kim 부학장은《교육의 미래, 티칭이 아니라 코칭이다》라는 책에서 "한국의 경제는 OECD 수준인데 교육은 여전히 개발도상국의 모델을 따라가고 있다"라고 지적했다. 뼈아픈 지적이 아닐 수 없다. 〈표 2-8〉은 폴 킴 부학장이 강조한 선진국형 교육 모델과 개도국형 교육 모델의 차이를 알기 쉽게 비교한 것이다.

이 비교만 보더라도 4차 산업혁명 시대에 맞는 교육으로 가기 위해서는 현재의 교육 프레임이 근본부터 달라지지 않으면 안 된다는 것을 느끼게 된다. 그리고 그 핵심은 지식이 아닌 적용을 위한 교육이 되는 것이다.

실행 역량을 키우는 학습의 조건 ───

실무 역량 향상으로 이어지는 학습은 많은 이들의 관심사로 수많은 연구가 이루어졌다. 그러나 최대한 단순화하면 결국 동기(왜 학습하는지), 내용(무엇을 학습할 것인지), 방법(어떻게 학습할 것인지)이 제대로 정렬되면 실행 역량을 키우는 학습이 가능하다고 본다. 이와 관련 특히 중요한 세 가지 포인트를 짚어보자.

첫째, 목적의식이 있는 학습

목적의식은 동기에 관련된다. 내가 왜 이 내용을 학습해야 하는지 정확하게 아는 것처럼 뇌를 자극시키는 것은 없다. 2014년 발표된 관련 연구 사례를 보자.[24]

연구팀은 학습 목적의식과 학습 효과의 관계를 측정하기 위해 학생들을 두 그룹으로 나누어 똑같은 책을 읽도록 했다. A그룹에게는 "시험을 볼 것"이라고 고지하고 B그룹에게는 "다른 학생들에게 내용을 가르쳐야 한다"라고 고지했다. 책을 모두 읽고 나서 두 그룹 모두 시험을 보게 한 결과 B그룹이 학습 내용 기억, 키포인트 이해,

응용문제 해결 등 모든 면에서 더 우수한 결과를 냈다.

학습을 위한 학습보다, 활용을 위한 학습이라는 자각이 전제될 때 똑같은 내용을 동일한 방식으로 공부해도 더 나은 결과를 얻었다는 것이 중요한 시사점이다.

둘째, 맥락 의존성에서 벗어난 학습

심리학에서 '맥락효과' 또는 '상태의존효과'라는 개념이 있다. 어떤 내용을 학습할 때와 그것을 기억해낼 때의 맥락이 같으면 더 잘 기억한다는 것이다. 이 개념을 약간 비틀어보자. 맥락이 다르면 생각이 잘 안 난다는 얘기다. 이 장에서 학습 민첩성을 강조했는데, 진짜 학습 능력이 뛰어나면 맥락이 바뀌어도 문제를 해결할 수 있어야 한다. 맥락과 상태에 의존적인 학습은 실무 응용능력 관점에서 바람직하지 않다.

예를 들어보자. 항공관제사들을 대상으로 한 실험이 있다. 이 직업은 매우 높은 비판적 사고를 요하는 직무로 알려져 왔다. 하루에 수백 대의 비행기들이 뜨고 내리고, 서로 다른 높이로 영공을 통과는 등 수많은 변수를 시시각각 판단해야 하기 때문이다. 연구자들은 이들을 대상으로 비판적 사고 능력을 측정했다. 그런데, 평균점수가 일반인의 평균과 다르지 않았다. 그들의 비판적 사고 능력이 '항공관제'라는 업무 맥락에 한정되었기 때문이다. 이런 의미에서의 맥락 의존성은 좋지 않다. 특정 조건이나 환경을 벗어나면 적용이 되지 않는다는 의미이기 때문이다.

제한된 사례를 가지고 일방적인 주입식 교육을 하면 대부분 이런 맥락 의존적 지식만 얻게 된다. 이런 지식은 현장에서 생소한 문제를 해결하는 데는 도움이 안 된다. 특히 환경, 기술, 제품, 고객 취향이 빠르게 바뀌는 상황에서는 말이다.

따라서 맥락 의존성과 실무 응용이라는 관점에서 학습을 세 가지 레벨로 나누어 볼 필요가 있다.

레벨 1. 한 가지 맥락에서만 적용 가능한 지식 습득
맥락이 조금만 바뀌어도 응용이 불가능하다. 이렇게 쌓은 지식은 상대적으로 짧은 기간만 활용할 수 있고, 높은 보수를 기대하기 어렵다.

레벨 2. 몇 가지 맥락에서 적용 가능한 학습
맥락을 바꿔가면서 응용 훈련을 하면 습득이 가능한 수준. 그러나 여전히 '완전히 새로운' 과제를 해결할 수 있는 역량은 아니다.

레벨 3. 맥락 의존성을 탈피한 수준의 본원적 역량
능수능란하게 다양한 맥락에서 문제해결이 가능하다. 늘 새로운 과제를 해결하는 방식의 학습을 통해 도달 가능하지만, 오랜 시간이 필요하다.

셋째, 실천적 학습

가장 이상적인 학습은 이론과 실천이 하나가 되는 것이다. 즉 학습과 업무가 따로 분리되지 않고 업무를 하는 것이 곧 학습이 되고, 학습의 결과가 업무에 적용되는 것이다. 이것은 교육 전문가들이 오랫동안 꿈꾸어왔던 모습이지만, 4차 산업혁명 시대에는 이것이 현실이 된다.

대표적인 것이 프로젝트 기반 학습 모델이다. 프로젝트는 단순히 지식을 머리에 욱여넣는 것이 아니라 분석 및 창조적 사고, 협업을 바탕으로 현실의 문제를 해결하는 것이다. 이 장에서 언급한 다양한 인재의 역량들이 프로젝트 기반 학습을 통해 강화될 수 있다. 학습 민첩성, 복잡한 문제해결, 협업 능력, 플랫폼 사고를 한 번에 적용할 수 있는 좋은 기회인 것이다.

이런 프로젝트 기반 학습이 기업 현장에서 가장 모범적으로 적용된 사례로 꼽을 수 있는 것이 실리콘밸리 디지털 기업들 사이에 각광을 받고 있는 해커톤이다.

어려운 문제를 해결한다는 의미의 '해킹Hacking'과 '마라톤Marathon'의 합성어로 만들어진 이 방법은 실제 비즈니스, 제품, 기술적인 문

〈사진 2-9〉 실리콘밸리에서 열린 해커톤 장면

제를 팀 단위로 협업을 통해 해결하고, 그 과정에서 참가자들의 전
문지식 향상뿐 아니라 문제해결 능력, 통찰력, 협업 능력을 높이고,
나아가 팀 빌딩과 네트워킹까지 기대할 수 있는 독특한 종합 학습
솔루션이다.

〈사진 2-9〉에서 보듯, 해커톤 참가자들은 한자리에 모여 시간의
제약 없이 팀워크를 통해 진짜 비즈니스 이슈를 분석하고 새로운
접근방법을 직접 만들면서 자연스럽게 학습과 육성도 경험하게 된
다. 가장 훌륭한 솔루션은 실제 비즈니스에 채택되기 때문에 교육
효과를 그 자리에서 체감할 수 있다. 이런 장점 때문에 국내에서도
최근 몇 년 사이에 이미 IT 대기업 위주로 도입되고 있다. 채택된 솔

루션은 실무에 적용되는 경우도 많다.

교육과 현업의 경계를 허무는 이런 학습자 주도, 현장 중심의 교육 방식이 IT 분야에만 한정될 필요는 없다고 본다. 문제해결 능력은 모든 비즈니스에 공통으로 필요한 것이기 때문이다.

형식에 구애받지 않고
학습 기회를 최대로 늘린다

4차 산업혁명 시대의 학습은 내용^{what} 측면의 변화 못지않게 방식^{how} 차원의 변화도 클 것이다. 우선 가르치는 것과 배우는 것의 구분이 없어진다. 지식과 정보가 완전히 민주화되는 시대에 누가 누굴 가르친다는 개념은 의미가 없다. 스탠퍼드, MIT와 같은 세계적인 교육 기관이나 글로벌 유수의 기업교육은 이미 학습자 주도 모델로 바뀐 지 오래다. 따지고 보면 고대의 현인 공자나 소크라테스 역시 질문과 대화를 통해 진리를 찾는 '교학상장'의 원리를 따랐다.

그리고 학습의 대부분이 비정규적으로 이루어지는 현상이 더욱 강화된다. 직원과 프리랜서가 섞여서 일하고, 업무의 변화에 따라 배워야 할 것도 많은 4차 산업혁명 시대에는 교사, 교재, 교실이 딱 갖추어진 정규 과정보다는 인포멀 러닝 형태의 학습이 더 적합하다. 도전적인 업무 과제 수행, 타 부서와의 공동 프로젝트, 조직 내·외부 네트워킹, 경험이 많은 선배의 멘토링, 외부 워크숍 참여, 유명 연사의 동영상 강연 시청, 독서와 글쓰기 등 모든 것이 학습의 기회가 된다.

학습의 표준 플랫폼이 된 모바일 학습 환경 ———

최근 직장인들의 학습 환경을 가장 극적으로 바꾼 것을 하나만 꼽으면 단연 모바일이다. 한 조사에 따르면 최근 수년간 모바일 단말을 활용하여 학습을 하는 사람의 수가 국내에서 연평균 40퍼센트 이상씩 늘고 있다고 한다. 모바일이 기본적 학습 환경이 된다는 것은 평생학습, 기업교육 관점에서 여러 가지 의미를 갖는다. 중요한 것 몇 가지만 꼽아본다.

첫째, 절대적인 학습량이 증대된다

시간적·공간적 장애물 해소로 두 배, 세 배의 시간을 학습에 쏟을 수 있게 된다. 학습의 결과를 일에 적용하고, 일을 통한 경험을 학습에 연결하기가 쉬워진다. 결국 일과 학습의 구분이 모호해져 역량 향상 효과가 극대화된다.

둘째, 자기주도성이 강화된다

모바일 기기는 특성상 개인이 온전하게 통제할 수 있는 학습 채널이다. 원하는 시점에, 필요한 목적에 따라, 할 수 있는 만큼 스스로 시간을 정해서 학습할 수 있기 때문에 좀 더 주도적인 학습이 가능하다.

셋째, 플립러닝 기반을 제공한다

최근 교육 분야의 핫이슈인 플립러닝이 성공하기 위해서는 토론, 사례, 문제해결 중심의 몰입 학습에 참여하기 이전에 기본 개념 및 배경지식 등에 대한 사전 학습이 필수다. 이것을 지원하는 도구로서는 모바일 만한 것이 없다.

넷째, 집단지성을 위한 플랫폼이 만들어진다

모바일 기기는 사용자 간에 네트워크를 형성할 수 있도록 한다. 개인 차원에서 일차적인 학습에 그치는 것이 아니라, 다른 학습자들 및 전문가들과의 상호 교류를 통한 후속 학습으로 이어질 수 있다.

다섯째, 빅데이터 분석을 가능하게 한다

모바일은 1인 1단말이기 때문에 학습과 관련한 방대하고 구체적인 데이터를 지속적으로 생성한다. 기업은 이런 데이터를 분석함으로써 사람들이 어떤 주제, 스킬, 역량에 관심 있는지, 그리고 학습의 만족도 및 효과 등에 대해서도 구체적으로 알 수 있다. 이 정도의 방대하고 정밀한 데이터는 모바일이 아닌 다른 방식으로는 좀처럼 얻기 어려운 것이다.

교육 전문가의 역할과 역량의 강화 ───

기업교육의 책임은 원래 학습자 본인, 관리자, 교육부서 간의 파트너십으로 설명되어 왔다. 그러나 현실은 대부분의 책임이 교육부서에게 돌아가고 있다. 한정된 교육 인력으로 운영하다 보면 진정한 성과 파트너로서의 역할에 한계가 있다.

이를 넘어서기 위해서는 단순 교육운영 업무에서 벗어나야 한다. 퍼실리테이터(최신의 콘텐츠와 현장을 접목), 학습 생태계 설계자(학습 채널, 전문가 그룹, 피드백 체계 설계), 컨설턴트(사업, 조직, 인력 관련 이슈 파악 및 솔루션 제시) 등으로 역할 전환이 필요하다. 물론 이런 변화를 실현하려면 교육 담당자의 역량의 획기적인 변화가 병행되어야 한다. 비즈니스 및 에듀테크 관련 최신 트렌드에 대한 끊임없는 학습, 현장 니즈 파악을 위한 스킨십 강화, 액션러닝 등 임팩트 있는 프로그램 개발 및 실행 등을 통해 내부 역량을 쌓아야 한다.

기업 연수원 기능의 강화도 필요하다. 21세기에 사람들을 연수원에 모아 놓고 교육하는 방식을 비판하는 목소리가 있지만, 일방적인 주입식 강의가 문제지 그것으로 기업 연수원의 역할과 가치를 일방적으로 폄훼할 수는 없다고 본다.

기업 연수원에는 HRD 분야 최고의 인재들이 모여서 미래 인재 육성의 방향을 설계하고 집행하는 중요한 전략적인 기능이 있다. 현대적 기업 연수원 모델의 전형을 만들었던 GE 역시 4차 산업혁명 시대를 선도하면서도 크로톤빌 연수원의 역할을 오히려 더 강화하고 있다는 사실을 깊이 생각해볼 필요가 있다.

3장

조직문화

보이지 않는 문화가
눈에 보이는 차이를 만들어낸다

조직문화는
경영의 승부 그 자체다

　　보통 4차 산업혁명에 대해 생각할 때 연상되는 키워드는 '기술, 혁신, 인재, 직업, 융복합, 초연결' 같은 단어들이다. 이 책에서도 변화하는 환경에 대비해 기업들이 어떻게 새로운 인재상을 바탕으로 미래형 인재를 확보 육성하고 이를 조직역량으로 연결할지에 대해 이미 살펴보았다. 그러나 우리는 세계적 브랜드, 탁월한 기술, 막강한 인적자원을 가지고도 경영에 실패하는 사례를 많이 보아 왔다. 이런 경우 실패에 대한 근본 원인은 '조직문화' 이슈로 귀결되는 경우가 많다. 인재와 조직역량이 뛰어나도 눈에 보이지 않는 조직문화로 인해 발휘되지 못한다면 소용이 없는 것이기 때문이다.

　　책 앞부분에서 언급한 코닥이 우선 그런 사례다. 100년 이상의 역사, 세계 최고의 기술과 제품, 막강한 연구개발 인력을 보유하고도 자만심과 외부 변화에 대한 폐쇄적인 문화가 직원 13만 명 이상의 글로벌 공룡 기업을 파산에 이르게 한 것이다.

코닥 외에도 사례는 얼마든지 많다. 지금은 재기에 성공했지만, IBM과 마이크로소프트도 '대기업병'으로 인해 회사가 휘청거릴 정도로 위기를 겪었다. 소니, 노키아, 모토로라 같은 기업들도 업계 패러다임이 바뀌는 타이밍에 이런저런 조직문화 이슈로 인해 과거의 영광에 비해 초라한 신세가 되어버렸다.

소니의 사례를 좀 더 자세히 살펴보자. 트랜지스터 라디오에서 워크맨, CD플레이어까지 선보이며 한때 혁신의 아이콘으로 불렸던 이 회사는 애플이 아이팟으로 혁명을 일으키기 시작한 2003년 '트랜스포메이션 60' 전략으로 반격을 준비했다. 4차 산업혁명의 시대정신에 맞게 가전, 모바일, 엔터테인먼트 등 핵심 사업군 융복합을 통해 21세기 초우량 기업으로 거듭난다는 내용이다.[25]

디자인과 설계를 외부에 많이 의존했던 애플과 달리 소니는 오디오, PC, 플래시메모리, 배터리 등에서 세계적 수준의 기술을 자체 보유하고 있었고 소니뮤직의 막강한 콘텐츠 공급력까지 갖추고 있었으니 객관적으로 훨씬 유리했다. 그러나 탁월한 기술, 역량과 정확한 전략을 가지고도 정작 시너지의 주체인 '전자'와 '콘텐츠' 사업 부문의 부서 이기주의로 인해 각자 영역을 지키려다 골든 타임을 놓치고 만다.

뒤늦게 출시한 제품은 크게 실패했고, 회사 브랜드, 구성원 자긍심, 회사 주가는 모두 곤두박질 쳤다.[26] 지속된 실패에 대한 주주들의 압력으로 2012년 사퇴한 스트링거Stringer 당시 회장도 "조직 간 장벽silo이 너무 많아 소통이 불가능했다"라고 회고했을 정도다. 다행히 2012년 이후 히라이 가즈오 CEO 주도하에 뼈를 깎는 구조조정과 선택과 집중을 통해 전열을 정비하여 2017년 초 20년 만에 최대의 영업실적 경신하는 등 부활하는 모습을 보이고 있다.

한때 심각한 자만심과 관료주의로 사망 직전의 공룡이었던 IBM을 고객과 서비스 중심의 새로운 문화로 탈바꿈시킨 루 거스너Lou Gerstner 전 회장이 "조직문화는 경영의 승부처 중의 하나가 아니다. 승부 그 자체다"라고 한 말은 이제 고전적 명언이 되었다.[27] 그랬던 IBM이 지속적 혁신을 통해 4차 산업혁명 최대의 격전지인 인공지능 분야에서 수위를 점한 것도 역사의 아이러니가 아닐 수 없다.

국경을 초월한 비즈니스 경쟁이 벌어지는 오늘날 조직문화는 조직이라고 하는 거대한 구조물이 쓰러지지 않도록 해주는 버팀목과 같다. 조직문화는 구성원들이 충성심을 갖게 하고 자발적으로 조직의 성공을 위해 노력하도록 할 뿐만 아니라 쉬운 길보다는 조직을 위해 장기적으로 올바른 선택을 하도록 도와준다. 또 강한 조직문화를 가진 기업의 구성원들은 무엇을 해야 하는지, 왜 해야 하는지에 대해 일치된 생각을 가지고 있다. 새로운 융합과 혁신이 빠르게 진행되는 4차 산업혁명 시대에는 다양성과 개방성을 바탕으로 한 유연한 사고가 관건이다. 기업들로서는 이에 맞는 문화를 만드는 일이 생존과 지속적 발전에 대단히 중요한 과제가 되었다.

조직문화는 왜 중요한가 ─────

조직문화의 중요성에 대한 객관적 근거는 '성과', '인재', '경쟁력'이라는 세 가지 측면에서 정리해볼 수 있다.

첫째, 강한 조직문화는 조직성과를 높인다

조직문화라고 하면 흔히 '잘 되면 좋고 안 되어도 할 수 없는' 소프트한 이슈로 치부하는 경우가 있다. 그러나 실제 조직문화가 조직의 효과성과 성과에 큰 영향을 미친다는 연구는 풍부하다.

글로벌 인사조직 컨설팅 기업 헤이그룹HayGroup이 고객 기업에 대해 40년간 축적한 조직문화 및 경영실적 데이터를 분석한 결과에 따르면 조직 간 성과 차이의 약 30퍼센트는 조직의 분위기에 기인하는 것으로 나타났다.[28]

글로벌 전략 컨설팅 기업 베인앤컴퍼니가 북미, 유럽, 아시아에서 365개 기업을 대상으로 조사한 결과에서도 리더들의 68퍼센트가 '조직문화는 경쟁우위의 원천'이라고 답변했고 81퍼센트는 '고성과 조직문화를 갖추지 못하면 좋은 실적을 내지 못할 것'이라고 판단했지만 10퍼센트 이하의 응답자만이 그런 조직문화 조성에 성공적이었다고 생각했다.[29]

둘째, 조직문화는 인재전쟁에서 이기기 위한 무기다

우수인재 확보 전쟁에서 지면 사업에서도 진다는 것이 상식이 된 지 오래다. 기업들은 우수인재 확보에 사활을 걸지만, 탁월한 인재들은 아무 회사나 가지 않고, 오래 머물지 않는다. 보상과 경력은 기본이고, 긍정적인 조직문화 속에서 성장하고 싶어하기 때문이다.

글로벌 인사조직 컨설팅 기업 타워스왓슨이 실시한 〈2012년 글로벌 인적자원 조사〉 결과에 따르면 한국의 핵심인재들은 미션, 비전, 조직가치, 그리고 자율성이 보장되는 조직문화를 가진 기업을 선호한다(〈표 3-1〉). 보통의 직원들은 급여, 사무실 위치, 연차 휴가 등을 보고 직장을 선택하는 경향이 강하지만, 핵심인재들은 미션, 비전, 직무 자율성, 경력 개발 기회 등을 고민하여 회사를 선택함을 알 수 있다. 회사에 대한 로열티를 가지고 함께 성장할 생각이 있는 인재를 뽑으려면 기업문화에 신경을 많이 써야 한다는 얘기다.

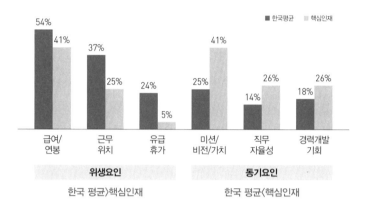

질문: "귀하가 현재 직장에 입사하기로 결정한 가장 중요한 이유는 무엇입니까? (22개 선택지에서 5개 선택) 도표에서 보듯이 핵심인재들은 전체 근로자 평균과 비교했을 때 급여, 근무위치, 휴가 등의 위생 요인에 상대적으로 적은 가중치를 부여한 반면 조직 가치, 자율성, 경력기회 등 동기요인에 더 큰 의미 를 부여한다.

셋째, 경쟁사가 모방하기 어려운 경쟁우위의 원천이다

1990년대 들어 경영전략 연구의 주류 중 하나로 떠오른 것이 자 원기반관점Resource-Based View이다. 이전까지 경영전략의 최대 관심사 는 '어떤 산업과 사업에 진출해야 전략적 우위를 점할 수 있는가'였 고, 분석 도구로서는 하버드대학교 마이클 포터 교수의 '다섯 가지 동인 모형Five Forces Model'이 금과옥조로 여겨졌다.

그런데 제이 바니와 같은 학자들은 같은 산업 안에도 선도기업 과 뒤처지는 기업이 존재한다는 점에 주목했다. 그리고 우열이 발생하는 이유는 기업 간의 조직역량 차이 때문이라고 보았고, 그런 차이를 가져오는 것들을 통칭해 '자원'이라 불렀다. 이 중 특히 중요한 것이 조직문화다. 조직문화는 기술, 제품, 프로세스 등과 같은 경영 요소와 달리 경쟁사들이 모방하거나 대체하기가 매우 어렵기 때문이다.

21세기 들어서 세계적인 주목을 끌면서 놀라운 성과를 내는 기업들을 살펴보면 거의 예외 없이 강한 조직문화를 보여준다. 구글, 애플, 페이스북, 쓰리엠, 다이슨, 넷플릭스, IBM, 월트 디즈니, 자포스Zappos, 스타벅스 등이 바로 그런 사례다.

문화 혁신,
본질에 집중하라

그렇다면 한국 기업의 조직문화 현실은 어떨까? 우선 대한상공회의소가 2013년 실시한 조사에서 '구글, 페이스북 같이 기업문화가 창의적인 글로벌 기업을 100점이라고 할 때 귀사 점수는 얼마 정도라고 생각하는지'를 묻는 질문에 500명의 직장인들이 평균 59.2점이라고 응답했다.[31] 이렇게 낮게 평가하는 주요 원인으로는 '상명하복의 경직된 의사소통'(62퍼센트), '개인보다 조직을 강조하는 분위기'(46퍼센트), '부서 이기주의'(37퍼센트), '지나친 단기 성과주의'(31퍼센트) 등을 꼽았다.

2015년에는 6월 맥킨지는 대한상공회의소와 함께 국내 기업 100개 사 약 4만 명을 대상으로 9개월에 걸친 기업문화 진단을 실시했다. 보고서는 조사대상 기업의 77퍼센트에서 기업문화를 포함한 조직건강도가 글로벌 하위권이라고 평가했다.[32] 상습적 야근, 비효율적 회의, 상명하복식 지시 등 후진적 기업문화가 두드러진 문제로 지적되었다. 그리고 이런 현상을 가져오는 근본 원인으로 과학적이지 못한 업무 프로세스, 비합리적인 평가시스템, 리더십 역량 부족 등을 들었다.

한국 기업의 글로벌 진출, 외국인들의 국내 취업이 늘면서 외국인들도 제3자의 시각에서 한국 조직문화에 대해 목소리를 내고 있다. 한국에서 수년간 근무 경험을 가진 호주 출신 블로거 마이클 코켄Michael Kocken은 지난 2014년 2월 '왜 한국은 OECD에서 업무시간은 제일 길고 생산성은 꼴찌인가'라는 제목의 블로그 포스트를 썼다.[33] 이 포스트는 소셜미디어와 언론으로 퍼지며 큰 이슈가 되었다. 내용은 주로 한국 기업 안에서 흔히 볼 수 있는 엄격한 계층 구조, 비효율적인 소통 방식, 업무시간 낭비, 음주·흡연 문화, 보여주기식 일처리, 불필요한 야근 등에 관한 것이었다. 블로거 본인이 직접 경험과 관찰을 기반으로 하고 있고 우리 기업문화의 민낯을 보여주는 내용이어서 상당한 반향이 있었다.

한편, 외국인 임직원을 다수 보유한 국내 주요 그룹사가 몇 년 전 국내 여러 계열사에 나누어 근무하는 외국인 임직원 수십 명을 대상으로 한국 기업에 근무하며 느낀 주요 애로점을 조사한 내용을

주요 애로점	상세 예시
커뮤니케이션	• 소통과 공유 부족으로 인한 신뢰 및 몰입도 저하 • 상하 관념 때문에 수평적 의사소통 어려움 (색다른 의견에 대한 포용력 부족) • 지나치게 문서 형식(품의, PPT)을 강조하는 보고 문화
관계 형성	• 잦은 야근, 회식 문화, 눈치 보기 등 특유의 환경에 적응하기 쉽지 않음 • 직원들이 뛰어난 능력을 업무에 쏟기보다 윗사람에게 잘 보이는 데 치중 • 한국인 상사와의 관계 형성도 어렵게 인식
업무 방식	• 체계적이지 않고 단편적/일방적인 업무 지시(업무 가이드 제공 부족) • 업무 처리 관련 표준/기준/매뉴얼 부족(한국인은 감/경험/관계로 보완) • 전문성이나 역량보다 직급을 중시하는 일 처리와 의사결정
경력 비전	• 단기적인 목적으로만 직원을 활용하려는 마인드 • 개인 강/약점 이해 없이 특정 부서의 한정된 업무만 부여하여 역량 발휘 미흡 • 조직 내에 롤모델이 별로 없음
업무 환경	• 영어 소통 환경 미흡(대부분 정보가 한국어로만 통용) • 생활 지원 미흡(체류 자격, 숙박/교통, 생활 지원 등) • 일과 개인 생활의 구분 모호 (예: 근무시간에 딴전 피우다가 야근하는 동료직원)

보아도 대부분이 적응하기 어려운 조직문화와 관련된 것임을 알 수 있다(〈표 3-2〉).

조직문화의 근본적인 혁신을 고민하자 ———

한국 기업의 조직문화에 대한 부정적인 묘사는 잊을 만하면 언론에 크게 보도가 되고 또 시간이 지나면 잊히는 패턴이 지난 십 수년 간 계속 반복되어 온 것 같다. 너무 부정적인 사례만 다뤄진 것 같다는 생각이 들 때쯤이면 또 어떤 대기업이 유연근무제를 도입했고, 조직문화 혁신 선언을 했고, 일하는 방식을 싹 뜯어고쳤다는 식의 사례가 반짝 전파되곤 한다. 그러나 막상 해당 기업에 내용을 확인해보면 이런 사례들은 진정한 변화라기보다는 홍보 성격인 경우를 많이 발견한다.

이런 평가나 보도를 볼 때마다 답답함을 느낀다. 4차 산업혁명 시대에 우리 기업들이 생존과 혁신을 위해서는 사람과 문화를 틀어잡고 혁신을 하는 길밖에 없는데 진짜 본질보다는 표피만 건드리는 접근에 그치는 것 같아서다.

물론, 현장에서 기업의 조직문화를 고민하는 사람들은 걱정이 많다. 안 그래도 조직문화는 평가, 보상, 승진, 교육 같은 다른 인력관리 영역보다 효과가 금방 나타나지 않는데 4차 산업혁명을 대비하여 획기적인 방안을 준비하라는 경영진의 지시가 커다란 부담으로 다가올 수밖에 없다. 백방으로 수소문해서 스타급 연사의 특강도 하고, 워크숍을 통해 변화 방안도 도출해 보지만, 조직의 본질과

일의 미래에 대한 깊은 통찰이 없는 상태에서 나오는 것은 주로 회의문화 개선, 보고체계 간소화, 유연근무제 도입과 같이 피상적인 처방뿐인 경우가 많다.

세계적인 유니콘기업 에어비엔비의 공동창업주이자 CEO인 브라이언 체스키^{Brian Chesky}는 "회사가 앞으로 혁신을 이루어내는 힘은 기업 문화에서 나오고, 그 기업문화를 만드는 것은 경영자의 몫"이라고 했다. 그의 말처럼, 우리는 변화가 심할 때일수록 조직문화에 대해서는 본질에 천착해야 한다. 조직의 목표의식을 명확히 하고 운영과 소통에 있어서 투명성을 높여야 한다. 구성원들이 심리적으로 안정감을 느끼고 자기 생각을 자유롭게 표현할 수 있도록 해야 한다. 팀 중심으로 혁신이 일어나는 분위기와 풍토를 만들어야 한다. 방법과 우선순위는 경영자와 구성원들이 선택하는 것이다.

모든 것이 변해도
비전과 가치는 지킨다

컨설팅 업무를 하다 보면 임원 인터뷰를 자주 한다. 한 번은 유수의 국내 대기업 임원을 인터뷰하면서 조직 운영에서 가장 어려운 부분이 무엇인지를 여쭸던 적이 있다. 글로벌 기업과 한국 대기업을 두루 경험한 그 임원은 잠시 생각에 잠겼다가 입을 열었다.

"우리나라는 조직이 클수록 사일로silo 현상이 정말 문제예요. 외국 기업들은 성과도 강조하지만 비전, 가치 중심으로 움직이니까 외부 환경이 출렁여도 대응을 하는데 한국 기업들은 오로지 자기 핵심성과지표KPI만 챙기고 각자도생하느라 바빠서 큰 그림을 가지고 협력을 하거나 5년, 10년 후 미래 준비는 생각도 못 해요."

정말 솔직한 답변에 감탄했지만, 대기업의 엄청난 조직과 자원을 움직이는 임원 위치에서도 이런 고민을 하고 있다면 그 기업의 상황이 참 문제라는 생각을 했다. 더 문제는 이것이 그 한 회사만의 문제가 아니라는 것이다.

조직에는 목표가 필요하다 ─────

한국과 외국 모두에서 기업 평균 수명이 짧아지고 있다. 그러나 탁월한 글로벌 기업 가운데는 100년 이상 장수 기업들도 적지 않다. GE는 그런 소수의 기업 중 하나다. 역사가 100년이 넘을 뿐 아니라 혁신을 통해 끊임없이 변화의 트렌드를 앞서 왔다. 지난 2001년 GE의 CEO로 취임, 16년간 직원 30만 명의 공룡기업을 이끈 제프리 이멜트^{Jeffrey Immelt} 회장은 퇴임을 앞두고 〈하버드비즈니스리뷰〉에 자신의 재임 기간을 회고하는 글과 함께 구성원 및 주주를 위한 동영상 메시지를 남겼다. 그는 여기서 GE가 앞으로도 존경받는 기업으로 남기 위해서는 잊지 말아야 할 것들을 얘기하면서 마지막으로 이렇게 말했다.

"우리는 반드시 목표의식을 가져야 합니다."

불확실성이 높은 변화의 시기일수록 변하지 않는 목표와 추구가치가 필요하다는 것은 역설적인 진리다. 자고 일어나면 달라지는 환경 속에서 우리는 중심을 잡아줄 무엇인가가 필요하다. 그것이 없다면 어떤 조직이라도 공중분해되고 말 것이다. 그런 의미에서 비전과 가치에 대한 공감대 형성은 다른 모든 것에 우선한다. 애플, 삼성 같은 선도기업들이 시장을 장악해온 스마트폰은 첨단기술의 집약체일 뿐 아니라 후발주자들이 넘기 어려운 브랜드의 장벽이 어마어마하다. 이런 각축의 현장에서 사업 시작 5년 만에 세계 3위에 등극한 중국 화웨이는 속도전의 명수라고 하지 않을 수 없다. 그런데, 이 회사의 CEO는 화웨이 문화를 한마디로 표현하여 "늑대처럼 민첩하게 움직여 생존하고, 거북이처럼 목표에 집착한다"라고 표현했다.

목적 지향적인 경영은 또한 4차 산업혁명 시대의 필수 원칙이다. 그냥 선언이 아니다. 정량적인 근거가 있다. 보스턴컨설팅그룹은 2017년 5월 공개한 자료를 통해 목적 지향적 경영을 하는 기업이 그렇지 않은 기업들보다 재무성과가 더 높다는 연구 결과를 내놓았다. 경영진 인터뷰를 바탕으로 미국 내 50개 기업을 '목적경영군'과 '전략경영군'으로 나눈 후, 두 그룹의 평균 총주주수익률과 EBITDA 비율[34]을 비교했더니 목적경영군의 성과가 뚜렷이 높았던 것이다. 특히 총주주수익률은 전략경영군 대비 무려 두 배가 더 높았다.

또 다른 연구도 있다. 뉴욕대학 스턴경영대학원 클라우딘 가르텐버그Claudine Gartenberg 교수와 동료들도 429개 미국 회사에 대한 2016년 분석에서 재미있는 결과를 내놓았다. 단순히 말로 목적의 중요성을 강조하는 회사에서는 조직 목적과 재무 성과 간에 관계가 없는 반면 조직 목적을 제대로 실천한 회사들에서는 재무적 성과 지표인 총자산이익률이 7퍼센트대까지 상승한다는 결과를 내놓았다. 이 결과는 지금까지 〈포춘〉 500대 기업 중 R&D를 가장 잘해서 높은 ROA가 5퍼센트대라는 점에서 경이적인 결과다.

모바일 플랫폼이라는 새로운 비즈니스 생태계를 창조해낸 애플 전 CEO 스티브 잡스는 2011년 10월 5일 타계했다. 그는 살아생전 무려 일곱 가지 업종에서 근본적인 혁신을 이루어냈다.[35] 그런데 "당신이 지금까지 이루어낸 것 중에 가장 중요한 것이 무엇"이냐는 질문에 대해 아이팟, 매킨토시, 아이폰이 아니라 "애플이라는 기업"이라고 답했다. 혁신의 아이콘인 잡스였지만, 그가 이루어낸 모든 혁신의 성과는 결국 자신의 혁신 DNA를 공유한 조직문화라는 점을 강조한 셈이다.

잡스의 이런 생각은 단지 죽음을 앞둔 시점에서 회고적으로 나온 것이 아니다. 이미 1984년의 언론 인터뷰에서 자신의 목표는 '혼魂이 있는 100억 달러 기업'을 만드는 것이라고 밝힌 바 있기 때문이다. 기업의 혼을 지키기 위해 잡스는 관료주의적 문화가 형성되는 것을 극도로 경계했다. 그래서 소규모의 창의적인 팀을 유지하고 많은 수의 평범한 엔지니어보다는 가장 창의적인 소수의 사람들과 일하려고 했다.

목표 지향인가, 프로세스 지향인가 ———

4차 산업혁명 시대에는 노마드형 인재가 많아지고, 조직 내에서도 직원들의 이동이 빈번해지며, 처음 만나는 구성원들이 손발을 맞춰가며 일할 기회가 많아진다. 이대로 놔두면 사람과 사람의 유대 관계는 약해질 수밖에 없다. 이런 상황에서 사람들을 묶어줄 공통분모, 즉 공유된 목표의식이 없으면 회사는 돈만 되면 뭐든 하는 일종의 '용병 조직'으로 전락할 위험이 있다. 시민군과 용병 부대의 차이는 '금전' 이전에 개인 목표와 조직 목표의 일치 여부에 달려있다. 21세기 조직의 용병화를 막기 위해서는 구성원과 조직이 장기적인 이익 공동체라는 인식을 가질 수 있도록 노력해야 한다.

목적의식이 뚜렷하거나 통일되어 있지 못한 조직이 일만 열심히 하는 모습일 때 나타나는 현상이 절차, 프로세스, 일 자체에 집착하는 것이다. 이런 조직은 효율성이 아직 최고 수준에 도달하지 못했던 과거에는 어느 정도 존재의 의미가 있었지만, 혁신적 기술, 알고리즘, 인공지능에 의해 효율성의 문제가 사실상 해결된 4차 산업혁명 시대에는 더 이상 의미가 없다. 21세기 조직은 의식적으로 목적 지향적 조직이 되려고 노력하지 않으면 저절로 프로세스 지향적 조직으로 가려는 성향을 보일 것이다. 〈표 3-3〉은 목적 지향적 조직과 프로세스 지향적 조직이 여러 가지 관점에서 어떻게 다른지를 잘

목적 지향적 조직 vs 프로세스 지향적 조직

목적지향적인 조직	프로세스지향적인 조직
• 신화론적 조직관에 기반 : "우리는 어떤 목적을 위해 여기에 왔다"	• 기계론적 조직관에 기반 : "조직은 성과를 만들어내는 기계다"
• 구성원 역량·동기에 따라 성과 편차가 큰 편	• 관리만 잘 하면 표준적인 성과를 얻을 수 있음
• 측정 및 통제가 쉽지 않음	• 측정 및 통제에 유리함
• 직원은 '과정'보다 '목적' 중시	• 직원은 '프로세스 준수'를 우선시
• 대체로 직원의 동기수준을 높임	• 대체로 동기수준을 떨어뜨림

보여준다. 표 안의 행간을 읽으면 알 수 있겠지만, 프로세스 조직은 어떤 것을 '하도록' 하기보다는 '하지 못하도록' 하는 데 훨씬 효과적인 조직이다. 4차 산업혁명 시대에는 굳이 사람들이 모여서 이런 조직을 만들 필요가 없다.

가슴 뛰는 조직 목적을 가지는 데 있어서 가장 경계해야 할 것은 '플라스틱 비전'이다. 플라스틱 비전은 겉으로는 화려하고 사람들이 말로는 열심히 떠들지만 속마음은 믿지 않는 것을 말한다. 이런 비전은 냉소주의를 부른다. 정말 용병형 조직이나 심각한 프로세스 조직이 아닌 다음에는 대부분 기업이 조직 목적을 가지고는 있다. 이들이 강한 조직문화와 실천력을 갖는 데 실패하는 주된 이유는 바로 이 플라스틱 비전 때문이다.

조금은 오래된 사례지만 미국의 유통 대기업 시어즈^Sears의 사례가 참조할 만하다. 회사 성과가 지속적으로 나빠지자 1990년대 초반 에드워드 브레넌^Edward Brennan 전 회장은 소매 현장에서의 매출 및 이익 촉진 활동으로 어려움을 극복하려고 했다. 예를 들어 자동차 정비 서비스 사업을 담당한 부문의 경우 직원 보상과 자동차 수리 대수, 매출을 연계하고 매출이 늘지 않는 직원은 해고하겠다고 위협했다. 표면적인 목적은 '고객만족'을 통해 성과를 높인다는 것이었지만, 이런 조치는 고객만족을 오히려 떨어뜨렸다. 직원들은 실적을 채우기 위해 불필요한 수리를 강요했는데 이로 인한 고객 항의, 불공정거래 소송, 법원 조사 등 일을 키우고 말았다. "고객의 이익을 최우선으로 한다"는 플라스틱 비전은 직원들의 냉소를 불렀고, 회사는 1~2년 사이에 그때까지 사상 최대의 적자를 보고야 말았다.

투명성과 신뢰야말로 4.0 시대의 핵심가치

요즘은 전통적인 신문, 방송, 잡지 등의 채널보다 소셜미디어를 통한 마케팅이 일반화되고 광고 규모도 빠르게 확대되고 있다. 예를 들어 사진 공유 소셜미디어 인스타그램은 2017년 3월 기준 전 세계 약 100만 개 회사를 대상으로 광고 서비스를 제공한다. 전년 대비 무려 5배 증가한 수치다.

버퍼Buffer는 페이스북, 유튜브, 인스타그램 등 다양한 소셜미디어 상의 활동과 콘텐츠, 광고 등을 하나의 플랫폼에서 관리하는 서비스를 제공하는 스타트업이다.

2010년 창업한 이 회사는 2017년 7월 기준 75명의 직원이 50개의 도시에서 근무하고 있다. 본사 사옥 없이 모든 직원이 원격 근무하고 연 3회 정도 해외여행을 겸한 전 직원 모임을 갖는 등 경영 방식이 독특하다. 자기개발을 위한 독서, 개인적인 프로젝트를 장려하고 직원을 감독하는 사람이 없다.

이렇게 해도 회사가 굴러가는지 의아해진다. 그러나 버퍼의 플랫폼은 세계에서 가장 인기가 있는 소셜미디어 관리 서비스로 450만 명 이상의 등록된 사용자로부터 1,400만 달러의 연 매출을 벌어들이고 있으니 성공적이라고 할 수 있다.

이 회사가 이렇게 완벽에 가까운 신뢰와 자율에 기반해 운영할 수 있는 비결은 투명성이다. 그리고 '긍정성', '자기개발', '경청' 등 이 회사의 다른 행동 원칙의 기반 가치가 되는 것 역시 투명성이다. 모든 직원은 연봉, 복지, 평가 등급, 내부 갈등, 사내정치 등을 신경 쓸 필요 없이 오로지 자기 역량을 키우고 고객에게 최고의 서비스를 제공하는 데 집중한다.

버퍼는 투명성 원칙을 지키기 위한 노력의 일환으로 CEO를 포함한 모든 임직원 연봉을 공개한다. 누가 어떤 업무를 하고 얼마의 급여를 받는지 회사 홈페이지에 아예 등록을 해두었고, 급여가 결정된 공식까지 공개했다. 직원들은 자기가 동료보다 급여를 많이 받는지, 적게 받는지 궁금해할 필요 없이 자기 프로젝트에 몰입할 수 있고 동료와도 편하게 협업을 할 수 있다. 〈그림 3-4〉를 보면, 중급 실력을 가진 마케팅 전문가가 파리에 근무하면서 스톡옵션을 선

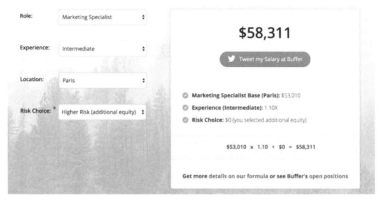

〈그림 3-4〉 버퍼 사의 급여 공개

택하는 경우 연봉이 5만8,311달러로 정해져 있음을 알 수 있다.

물론, 버퍼의 사례는 극단적이다. 전 직원 75명의 작은 기업이라 일반화하기 어려울 수도 있다. 그러나 철저한 신뢰와 투명성에 기반한 조직 운영이 불가능하지 않다는 것을 보여주었다는 데 의미가 있다. 이 회사가 투명성을 핵심 가치이자 정책으로 정한 것은 경영에 도움이 되기 때문이다. 투명성과 신뢰는 4차 산업혁명 시대에 매우 중요한 가치다.

투명한 조직을 요구하는 시대 ─────

전통적으로 '관리'의 기본은 '통제'를 의미한다. 회사는 구성원들이 지켜야 할 규칙을 정해주고 관리자는 업무를 잘게 세분화하여 직원에게 지시한다. 이슈가 있으면 직속상사에게 일원화하여 보고하고, 지침을 받아서 해결한다. 개인의 필요보다는 조직의 목표가 우선이고, 개인에게 많은 권한이 집중되지 않도록 하여 사고 위험을 방지한다. 이렇게 하면 안정적인 분위기 속에서 생산성이 높아진다는 것이 전통적 관리의 믿음이었다. 직원에게 많은 정보를 주는 것은 효과적 관리에 도움이 되지 않는 것으로 간주되었다. 투명할 필요가 없었다.

그러나 이런 관리 체계는 시대에 뒤떨어졌다. 4차 산업혁명 시대의 특징 중 하나인 복잡성 때문이다. 꾸준히 커지는 복잡성을 중앙집중적으로 파악하고 통제하는 것은 엄청난 인지적, 정신적 에너지를 필요로 한다. 따라서 '통제'와 '관리'는 4차 산업혁명 시대에는 적합하지 않은 경영 스타일이다.

이제는 좀 더 많은 구성원의 두뇌 에너지를 동원하여 복잡성에 대응해야 한다. 직원들은 지시를 받아서 일하는 존재가 아니라 오너십을 가지고 판단하고 행동하는 주체가 되어야 한다. 그래야 경영의 스피드가 붙고, 협업이 일어나고, 혁신적인 시도가 가능하다. 직원들은 원하면 자신이 원하는 조직 내 정보를 접근, 활용, 전파할 수 있어야 한다. 이것은 필연적으로 조직의 투명성과 신뢰를 높인다.

노벨 경제학상 수상자 케네스 애로우^{Kenneth Arrow} 스탠퍼드대학교

교수는 "신뢰는 일종의 사회적 자본이며 신뢰가 부족한 사회는 경제 발전이 저해된다"라고 주장했다. 안타깝게도 한국 사회에서 신뢰 수준은 매우 낮다. 사회적 신뢰 수준 측정을 위해 널리 쓰이는 지표는 '타인에 대한 신뢰'와 '공적 기구에 대한 신뢰'인데, 이런 지표에서 한국 점수는 20점대에 불과하다.[36]

역시 스탠퍼드대학교 교수인 정치경제학자 프란시스 후쿠야마 Francis Fukuyama는 이미 1995년 저서 《트러스트》에서 한국을 '저신뢰 국가'로 분류한 적이 있다. 한국에 대한 이런 낮은 평가가 불쾌한 것도 사실이었지만, 20년도 더 지난 지금 한국 사회의 신뢰자본 수준에 별 변화가 없다는 것이 더 문제라고 느껴진다. 그러나 생각을 바꾸어보면 낮은 사회적 신뢰 수준에도 불구하고 이 정도 경제 성장을 이뤘다면 높은 신뢰 사회로 변모한다면 우리 사회와 경제가 더 발전할 여지가 있다는 생각도 해본다.

기업은 사회 전반의 신뢰 수준이 낮다는 것을 변명으로 삼고 있을 수 없다. 조직 안의 신뢰 수준은 당장 직원 행동, 기업 문화, 조직 성과에 영향을 미칠 수 있기 때문이다. 자원과 기회가 제한되어 있는 조직 안에서 경쟁은 자연적으로 발생하게 된다. 조직이 사내 정치와 이해 충돌로 홍역을 앓지 않으려면 공정한 게임의 룰을 보장해주어야 한다.

이를 위해 중요한 것이 투명성이다. 우리나라는 사회 전반의 신뢰 수준이 낮기 때문에 이를 상쇄하기 위해서라도 더 투명하게 경영하기 위해 노력해야 한다. 투명성 부족으로 치르는 대가는 혹독하다. 직원들은 자기 생각을 솔직하게 말하지 않고, 보고도 꼭 필요한 만큼만 하고, 상사와 대화를 하더라도 본심을 얘기하지 않는다. 회사의 신인도를 떨어뜨리고 미래의 우수인재 채용이 어려워진다.

공개와 공유가 원칙인 회사, 구글 ———

유기체는 세포와 조직으로 구성된다. 신체의 세포와 조직은 다른 세포, 조직과 협업하여 유기체의 생명을 유지하지만, 또 그 자체로서 독립성도 지켜야 한다. 여기에서 중요한 것이 세포막의 역할이다. 필요한 것은 통과시키고, 위험한 것은 차단한다.

기업 조직도 비슷하다. 외부 고객 및 시장과 긴밀하게 교류해야 하지만, 한편으로 그 조직만의 고유한 정체성을 지키고 직원들을 유지하고 정보 보안을 유지할 필요가 있다. 이것을 잘하기 위해서 기업은 내적으로는 높은 응집력을 유지해야 하는데, 그러기 위해서는 구성원과 목표의식을 공유하고 높은 신뢰를 쌓아야 한다. 그리고 신뢰는 내적 투명성에서 온다.

여기에 딜레마가 있다. 어떻게 하면 내적 투명성과 대외적 보안을 동시에 유지할 것인가? 그것은 구성원 개개인이 회사의 내부 정보를 알고도 대외적으로 발설하지 않을 때 가능하다. 또한 정보의 비대칭성은 권력의 원천이기 때문에 모든 정보를 구성원에게 공개한다는 것은 정보에 의한 기득권을 내려놓는다는 의미이기도 하다.

이 어려운 것을 잘 해내는 회사가 구글이다. 이 회사에서는 모든 문서를 구글 드라이브에 올려놓고 꼭 필요한 경우를 빼면 전체 공개를 한다. 타 기업에서는 실패한 사업이나 업무에 대해서는 쉬쉬하는 것이 보통이지만, 구글에서는 실패도 적극적으로 공유하여 배우는 기회로 삼으려고 노력한다.

구글 직원은 회사에서 지금 무슨 제품을 준비하고 있고, 목표 대비 현재 실적이 어떤지, 동료들은 업무를 어떻게 하고 있는지 궁금해하거나 따로 물어볼 필요가 없다.

심지어 각자의 개인성과목표OKR, Objectives and Key Results를 다른 직원들도 볼 수 있게 인트라넷에 올려놓는다. 보통 기업에서는 개인성과목표는 본인과 직속상사만 아는 것이 일반적임을 고려하면 파격이다. 모두의 목표가 투명하게 노출되어 있기에 업무의 중복이 적고 다른 부서와의 협업 기회를 쉽게 찾는다.

평가 피드백도 공개한다. 동료의 1차 피드백에 근거해 평가가 이루어지는데 정말 신중하고 사실과 관찰에 기반해 에세이 형식으로 작성하고 공개한다. 구글에 다녔던 한 한국 직원은 처음으로 동료 평가를 받고 "완전히 발가벗겨진 듯한" 느낌을 받았다고 고백했다. 이런 관행은 한국 실정에는 안 맞는다고 생각할 수 있다. 그러나 구글코리아도 똑같이 하고 있다. 구글코리아 직원은 대부분 한국 사람들인데도 말이다.

심리적 안정감이
강한 조직을 만든다

오늘날의 시대적 특징이 '뷰카^{VUCA}'라는 단어로 대표된다고 했다. 변동성, 불확실성, 복잡성, 모호성이 우리에게 가져다주는 결과는 무엇일까?

예측하기 힘들고 모호하며 자고 나면 바뀌는 세상을 살아가는 사람이 느끼는 대표적 감정은 한마디로 '불안'이다. 미래에 대한 불안, 존재에 대한 불안, 실패에 대한 불안, 상처받을 것에 대한 불안 등 종류도 다양하다.

현대인의 신체 건강을 위협하는 최대의 적이 암癌이라고 한다면, 정신 건강을 위협하는 최대의 적은 불안이라고 할 만하다. 불안이라는 감정 앞에서 모든 인간을 자연스레 움츠러든다. 본능적인 반응이다.

조직에 나타나는 불안함의 모습 ———

프랑스의 세계적인 유명 작가이자 철학자 알랭 드 보통Alain de Botton은 애정결핍, 속물근성, 지나친 기대, 능력주의, 불확실성 등이 불안을 가져온다고 지적했다. 기업 조직은 결국 이런 불안에 시달리는 나약한 개인들이 모여서 만드는 것이다. 4차 산업혁명의 파고에도 흔들리지 않는 강한 조직의 멘탈을 유지하고 싶다면 이런 불안감을 가볍게 생각해서는 안 된다.

불안감의 작동 원리를 살펴보자. 인간의 뇌는 두려움을 주는 메시지를 접했을 때 자동적으로 '공포심 관리' 프로세스를 작동시킨다. 이것은 원시시대부터 맹수와 맞닥뜨렸을 때 나타나는 반응이다. 사람은 두려움 자체를 다스리는 데 정신적 에너지를 대부분 소모하므로, 문제의 원인을 직시하고 해결하는 행동을 취할 마음의 여유가 생기지 않는다.

이런 반응은 개인 차원에서도 나타나지만, 조직 차원이라고 다르지 않다. 조직 분위기 안에 '불안'이라는 괴물이 자리 잡고 있는 회사를 방문해 보면 금방 눈치를 챌 수 있다. 왠지 삭막하고, 분위기도 침체되어 있고, 직원들 표정도 어둡다. 미팅을 해봐도 사람들의 목소리에 자신감이 없고, 된다고 하는 것보다 안 된다고 하는 일이 많다.

구글의 피플애널리틱스^{People Analytics} 부서는 2015년 11월 아주 흥미로운 내부 프로젝트 결과를 외부에 공개했다. 높은 성과를 내는 팀의 비밀을 확인하기 위한 이 프로젝트에서 분석 전문가들은 회사 전체에서 성과가 제일 좋은 180개 팀을 선정하고 구조화 인터뷰를 통해 높은 팀 성과를 가능하게 하는 요인을 뽑아냈다. 처음에 250개 정도가 도출되었는데, '요소 분석'이라는 통계 기법을 활용하니 다섯 가지로 압축되었다. 팀원들 간에 상호의존성이 높고, 업무 구조 및 역할이 명확하고, 팀원 개개인이 일에서 의미를 찾도록 업무를 배분하고, 모두가 공통의 목적을 위해 노력하는 것 등이었다. 그런데 이런 모든 요인 가능하도록 하는 촉진 역할을 하는 것이 있었다. 심리적 안정감이었다.

이 발견은 정말 놀라운 것이다. 왜냐하면 동료 압박^{peer pressure}에 기반한 칼 같은 성과주의가 이 회사의 문화이기도 하기 때문이다.

구글은 철저하게 능력 위주로만 사람을 뽑고 팀을 만든다. 팀에 도움이 되지 않는 동료를 그냥 두고 보지 않기 때문에 무임승차는 애초에 불가능하다. 열심히 팀을 위해 일을 하면, 1년에 두 번씩 모두가 서로에 대해 적나라하게 평가서를 써내고 그것을 사내 포털에 저장해두고 모든 직원이 볼 수 있도록 하는 회사에서 심리적 안정감이 있을 수가 있겠는가?

한국적인 정서라면 불가능하기가 쉽겠지만, 구글에서는 그것이 가능하다고 하니 대단한 것이다. 아무리 생각해봐도 모순되어 보이는 이런 것이 가능하다는 것이 구글의 성공 요인이 아닐까?

심리적 안정감이 높은 팀은 어떤 모습일까? 구글 분석에 의하면, 팀 구성원이 자기 생각이나 의견을 거리낌 없이 밝힐 수 있고, 엉뚱한 질문을 해도 아무도 이상하게 생각하지 않는 것이 이런 팀의 특징이라고 한다. 그러고 보니 이해가 된다. 구글에서 많이 쓰는 용어로 '문샷 씽킹Moonshot Thinking'이 있는데, 상식을 완전히 뒤엎는 발상, 접근법, 아이디어를 말한다. 예를 들면, 기존 방식에서 10퍼센트 개선하려고 애쓰기보다 완전히 새로운 접근방식으로 10배의 성장을 도모하라는 얘기다. 이런 생각이 가능하려면, 무엇보다 '내가 이 말을 하면 미쳤다고 하겠지?', '이런 질문을 하면 무식하다고 생각할 거야'는 식의 걱정이 없어야 할 것이다. 인터넷 검색엔진을 만들어 창업을 한 회사가 무인 자동차나 고성능 드론drone 사업을 하는 것은 살짝 '미친' 발상이 없으면 안 되는 것이다.

사례는 구글뿐이 아니다. 이제는 품질관리의 고전이 된 토요타 생산 시스템Toyota Production System. 여기에는 '안돈アンドン'이라고 하는 핵심 요소가 있다. 작업자가 일을 하다가 제품 또는 공정에 문제가 있다고 판단될 때 잡아당길 수 있도록 한 경고용 줄line 또는 버튼이 '안돈'이다. 누군가 이 줄을 잡아당기면 작업 라인 전체가 멈춰서고, 기술자와 관리자들이 바로 달려와서 문제를 파악하고 해결한다. 한 번 잘못된 것을 나중에 찾아서 바로 잡는 것은 매우 어렵고, 완제품

불량을 가져올 수 있기 때문에 생산라인을 멈춰서라도 실시간으로 해결하는 것이다.

취지는 좋지만, 문제를 발견한 직원의 입장에서는 이 줄을 잡아 당기는 것이 쉽지 않은 결정이다. '말단 직원인 내가 라인 전체를 멈춰 서게 해도 괜찮은 걸까?' 작업자의 마음에 이런 걱정이 앞선다면 안돈 같은 시스템도 작동하기 어렵다. 라인을 멈춘 일로 불이익을 당하지 않고, 동료와 선배들이 함께 문제를 해결해줄 것이라는 믿음이 전제가 되어야 하는데, 이런 마음 상태를 한마디로 표현하면 '심리적 안정감'이라고 할 수 있다.

조직의 심리적 안정감을 높이는 법 ────

구성원의 심리적 안정감을 높이기 위해서는 두 가지가 중요하다.

첫째, 팀 실패에 대한 책임을 개인에게 지우지 않는다
현대의 조직에서 성과는 기본적으로 팀이 만들어내는 것이다. 일을 하는 것은 개인이지만, 팀의 협업이 없다면 조직으로서의 성과로 이어지지 않는다. 따라서 결과에 대한 책임도 팀이 나누는 것이 맞다. 이런 분위기가 조성되면 팀원들은 동료와 리더를 믿고 최선을 다할 수 있다.

둘째, 실패를 학습의 기회로 본다

일을 하는 과정에서 누구나 선의의 실수를 할 수 있다. 특히 복잡한 문제를 해결하고, 기존에 경험해 보지 않은 새로운 시도를 하고, 예상치 못한 변수들이 많은 경우에는 시행착오를 겪는 것이 당연하다. 시행착오가 쌓일수록 경험과 실력이 늘고 역량이 향상되기 때문에, 사실 일은 곧 학습인 셈이다. 선의의 실수를 개선 가능한 기회로 보는 분위기 속에서 팀원들은 내가 잘못한 것에 매몰되기보다는 어떻게 더 잘할지를 고민하는 기회로 삼을 수 있다.

구성원들이 심리적 안정감을 느끼도록 하는 데는 많은 노력이 필요하다. 무엇보다 동료 간에, 또 리더와 신뢰가 쌓여야 한다.

반면, 심리적 안정감을 깨뜨리는 것은 간단하다. 가장 쉬운 방법은 모순된 시그널을 보내는 것이다. 이를 증명한 실험이 있다.

미국 미시간주립대학교 파델 마타Fadel K. Matta 교수팀은 리더의 메시지가 팀원에게 미치는 심리적 영향을 연구했다. 참가자 161명을 무작위로 세 그룹으로 나누고 12회에 걸쳐 주가 예측 프로젝트에 참여시키고, 매 회 팀 리더 피드백을 받도록 했다.

첫 번째 그룹에는 일관되게 공정하고 정중한 피드백을 주게 했다. 참가자들은 "정말 수고했어", "의욕이 넘치는 자네와 일하게 되어 기쁘다" 등의 코멘트를 들었다.

두 번째 그룹은 "겨우 그 정도밖에 못 하나?", "하기 싫으면 때려치워" 등 일관되게 무례하고 부정적 피드백을 주었다.

세 번째 그룹은 긍정과 부정 피드백을 번갈아서 주었다.

피드백 후에는 모든 참가자의 심박수 변화를 측정하여 스트레스 지표로 활용했다. 그 결과, 세 번째 그룹이 가장 높은 심박수 증가를 보였다. 여러 업종의 직장인을 대상으로 하는 후속 실험도 동일한 결과를 보였다.

이 연구의 시사점은 리더가 모순된 평가나 피드백(시그널)을 줄 때 팀원은 커다란 스트레스와 불안감에 시달린다는 점이다. 이럴 때 구성원들이 일반적으로 선택하는 행동 옵션은 아무것도 안 하는 것이다. 자신의 노력에 관계없이 팀 리더 기분에 따라 평가가 달라진다면 굳이 새로운 일을 벌일 필요가 없기 때문이다.

자기 생각을
말할 수 있어야 한다

일관성 없는 피드백이 스트레스를 야기한다고 하면, '그럼 불만이 있어도 아무 말도 하지 말아야 하나?'라고 반문하는 사람도 있을 수 있다. 물론 그런 것은 아니다. 중요한 것은 비판과 피드백이 사람이 아니라 업무와 과제를 향해야 한다는 점이다.

이런 원칙이 잘 지켜지는 문화를 가지고 있는 회사가 픽사 애니메이션Pixar Animation이다. 픽사는 세계에서 가장 창의적인 회사 중 하나로도 유명하다. 이 회사 창업주인 에드 캣멀Ed Catmull 회장은 직원의 창의성을 이끌어내기 위한 최우선 원칙은 '실수해도 안전한 환경을 만들어주는 것'이라고 했다. 서로를 의식하고, 실수를 두려워하고, 반대 의견을 자유롭게 말할 수 없다고 생각할 때 직원들은 입을 다물기 때문이다. 한 인터뷰에서 캣멀 회장은 이렇게 말했다.

"우리가 내놓은 어떤 작품도 실수 없이 그대로 나온 것은 없습니다. 처음에는 형편없지만, 계속해서 이야기를 하다 보면 달라집니다. 누군가 기발한 아이디어를 내고 새로운 생각이 봇물처럼 쏟아지죠. 그런 뒤에 명확한 아이디어로 발전하는 겁니다. 오랜 경험 덕분에 이제는 서로 실수를 두려워하지 않고 이야기하는 것이 문화로 자리 잡았습니다."

픽사 브레인 트러스트 운영 원칙 ──

픽사의 창의적 문화가 자리 잡는 데는 일종의 리뷰 미팅인 '브레인 트러스트'가 큰 역할을 했다. 이 미팅에는 몇 가지 중요한 운영 원칙이 있다.

첫째, 브레인 트러스트는 어떤 결정권도 갖지 않는다
작품에 대한 권한은 감독에게 있다. 회의의 목적은 리뷰하고 피드백을 주는 데 한정한다. 피드백을 수용할지 여부는 감독의 전권이다. 따라서 감독은 브레인트러스트 멤버들의 피드백에 방어적일 필요가 전혀 없다.

둘째, 철저하게 수평적이다

일반적인 기업에서처럼 보고와 승인의 형식이 아니므로 수직적 관계를 내포하지 않는다. 브레인 트러스트는 픽사에서 감독으로서 영화를 만들어본 사람들만 참여한다. 직급도 위계도 없고, 모두 '내가 감독'이라는 관점에서 의견을 교환할 뿐이다.

셋째, 비평보다 개선에 집중한다

브레인 트러스트 참가자들은 모두 감독으로서 영화를 만들어 본 경험이 있기 때문에 좋은 작품을 만드는 것이 얼마나 힘든지 이해하고, 감독의 성공을 바란다. 따라서 비평을 위한 비평보다는 더 나은 작품을 위한 의견을 내는 것이 원칙이다.

넷째, 솔직함을 전제로 한다

좋으면 좋다고, 별로라면 별로라고 적나라하게 이야기한다. 마음에 안 드는 것을 에둘러 말하는 것이 상대를 위하는 것이 아니라고 믿는다. 다만, 서로의 의견에 날을 세우지 않고 더 나은 작품을 위해 문제를 함께 고쳐나간다.

직장 생활을 하다 보면 회사 정책이나 상사 지시가 자기 생각과 다를 때가 있다. 생각대로 얘기하기는 두렵고 가만히 있자니 답답한 경우가 태반이다. 조직에서 누군가(특히 상사)를 비판한다는 것은 쉽지 않은 일이다. 세상에 '지적' 당하는 것을 좋아하는 사람은 없을 테니 말이다. 그러나 모두가 그런 생각으로 입을 닫아 버리면 조직은 '늪'으로 변한다. 진실한 커뮤니케이션은 솔직하게 의견을 밝히는 데서 시작한다.

이런 면에서 세계 최대의 헤지펀드인 브리지워터 어소시어츠 Bridgewater Associates에는 다른 기업들이 따라 배울 만한 부분이 있다. 2016년 기준 1,450억 달러의 자산을 관리하는 이 회사는 최고의 누적수익률 기록해왔고, 대부분 헤지펀드 수익률이 마이너스를 기록한 2015에도 5퍼센트 수익을 남겼다. 이 회사의 성공은 차별화된 커뮤니케이션 문화 때문이라고 알려져 있다. 당당하게 자기 의견을 밝히는지 여부가 주요 인사 평가 기준이고, 당사자가 없는 자리에서의 뒷담화는 금기다.

'투자계의 스티브 잡스'로 불리는 이 회사 대표 레이 달리오 Ray Dalio 스스로 직원들이 서로 다른 의견을 기탄없이 얘기하는 조직문화를 만들기 위해 많은 노력을 기울였다고 한다. 한번은 달리오가 고객과 투자 상담 후 배석했던 자기 직원으로부터 이런 내용의 이메일을 받았다.

"레이, 당신은 오늘 50분 동안 횡설수설하더군요. 전혀 준비를 하지 않은 게 분명했어요. 그 고객은 꼭 유치했어야 하는데. 오늘 정말 엉망진창이었습니다. 다시는 이런 일이 있어서는 안 됩니다."

대표이사에게 이런 식의 직언을 해도 아무 문제가 없는 정도가 되면 조직문화가 크게 달라진다.

자기 생각을 말하지 못하는 조직은 가라앉는다 ───

한편, 앞서 언급한 2015년 맥킨지 한국 기업문화 진단 보고서는 '비효율적 회의 및 과도한 보고', '잦은 야근', '후진적 여성근로 문화' 등 세 가지를 한국 기업문화의 주요 이슈로 분석했다. 회의와 보고 이슈 관련해서는 포커스그룹 인터뷰를 통해 '눈치 보며 의견 제시를 못해서', '상사에게 말대꾸한다고 생각할까 걱정', '상사의 불명확한 지시로 인한 삽질', '회의 목적과 참석자 불분명' 등의 하위 요인을 찾아내기도 했다.

그러나 내가 보기에 이런 것들은 현상에 불과하다. 현상을 꿰뚫는 진짜 문제는 한국 기업의 직원들이 자기 생각을 말하지 못한다는 데 있다. 자기 생각을 말하는 것은 간단해 보이지만, 사실은 아주 근본적이고 어려운 부분이다. 그 역사가 무려 2,000년이나 된 유교적 질서인 '삼강오륜'의 한 축이 '장유유서'이고, 그 뜻에 따르면 아랫사람이 윗사람의 의견을 거스르는 것은 옳지 못한 행동으로 간주되기 때문이다.

사람들이 자기 생각을 표현하지 못하는 것이 동양적 현상만은 아니다. 이를 보여주는 사례가 HMS 빅토리아호 침몰 사건이다. 빅토리아 여왕의 이름을 딴 영국 해군의 이 주력 함선은 1893년 6월 22일 다섯 척의 다른 군함을 이끌고 지중해의 트리폴리 인근 해안에서 훈련 중이었다. 이 배의 선장 앨버트 마크햄^{Albert Markham} 소장은 지휘관인 조지 트리온^{George Tryon} 중장으로부터 선단의 방향을 180도 틀라는 지시를 받았다.

그런데 이때 마크햄 선단에 평행한 위치에 같은 수의 군함으로 구성된 아군 선단이 있었다. 원래 180도 선회하기 위해서는 선단 사이 간격이 최소 730미터 떨어져 있어야 하는데 그렇지 못했기 때문에 명령을 따르면 충돌이 예상되었다. 마크햄은 지휘관이 명령을 번복하기를 기다렸으나 "뭐하고 있어!"라는 질책을 듣고는 결국 선회를 명령했다. 결국 두 배는 충돌, 침몰하여 358명의 병사가 사망했다.

비슷한 사례로, 미국교통안전위원회가 비행기 추락 사고의 원인을 조사한 결과 25퍼센트가 기장의 잘못된 판단에 부기장이 문제 제기를 제대로 못 해서 생긴 것으로 분석한 적도 있다. 목숨을 잃을 수도 있는 상황에서도 상사에게 반대하지 못하게 하는 문화의 힘을 간과하면 안 된다. 침묵은 조직을 침몰시킨다.

직원이 자기 생각을 말하지 않는 것은 회사를 커다란 곤경에 빠지게 할 수 있다. 2012년, 일본 미쓰비시자동차 경영진은 "경쟁사보다 연비가 5~10퍼센트 더 높은 경차를 내년까지 만들어내라"는 지상명령을 내렸다. 회사는 발칵 뒤집어졌다. 2012년 당시 일본에선 경차가 전체 자동차 판매 톱 10 가운데 7~8개 차종을 차지할 만큼 경쟁이 치열했는데 전부 라이벌 스즈키와 다이하쓰 차종이었기 때문이다. 연비 향상은 수년간의 투자가 필요한데 1년 만에 선도업체를 능가하는 것은 불가능했다. 중압감을 못 이긴 연비 담당 부장은 결국 테스트 수치를 조작했고 신형 모델이 2013년 출시되었다. 그러나 합작사인 닛산자동차의 조사로 조작 사실은 들통이 났고 기업 가치가 하루 만에 1조3,500억 원이나 증발했다. 침묵의 문화에 압박을 더하면 은폐가 일어난다는 공식이 증명되는 순간이었다.[37]

혁신이 일어날 수 있는
분위기를 조성한다

4차 산업혁명은 '혁신'이라는 단어와 떼어서 생각하기 어렵다. 과거 여러 차례의 산업혁명에서 만들어진 혁신이 융복합되는 것이 4차 산업혁명의 현실이기 때문이다. 인공지능, 빅데이터, 3D 프린터, 무인자동차, 사물인터넷 등 사례는 무수하다. 그러나 혁신의 '결과'에 신경을 쓰는 만큼 왜 그런 혁신이 가능했는지에 대해서도 관심을 가질 필요가 있다. 그런 혁신들이 가능했던 '과정'은 결국 사람과 조직 때문이기 때문이다.

혁신은 사람이 일으킨다 ———

비즈니스와 업무의 많은 부분이 자동화된 알고리즘

에 의해 수행되는 4차 산업혁명 시대에는 과거에 시도해보지 못한 것을 끊임없이 시도하지 않으면 경쟁력을 유지하기 어렵다. 그러나 지난 20세기 비교적 안정적이고 쉽게 성장할 수 있는 환경을 전제로 만들어진 위계조직은 이런 상황에 맞지 않는다. 위계조직은 빠르게 움직이며 새로운 시도를 하는 것보다는 신중한 검토를 통해 실수를 줄이는 데 유리하도록 만들어져 있기 때문이다. 위계조직과 어울리는 특징은 대량 생산, 반복 업무, 안정적 통제, 생산성 극대화 등으로 요약된다. 그리고 위계조직은 본질적으로 수직적인 조직문화를 낳는다.

혁신적 시도가 활발하게 일어나는 조직문화를 만들려면 어떻게 해야 하는가? 오늘날 모든 경영자들의 공통된 고민이다. 그렇게 많은 경영자들이 매일 같이 혁신을 고민하는데도 안 바뀌는 이유는 뭘까? 고민이 많은데 비해 혁신에 대한 방향을 잘못 잡고 있는 것은 아닐까 하는 생각이 든다.

혁신에 관한 스파르타식 정신교육을 시킨다든지, 온갖 기발한 구호와 캐치프레이즈가 난무하는 캠페인을 벌인다든지, 반바지나 샌들을 신고 출근하도록 하는 것들 말이다. 특히 대표적인 실패의 원인은 무작정 위기의식만 강조하면서 조직개편과 구조조정 등 우격다짐 식으로 혁신으로 이끌어내려는 시도다. 그 결과는 혁신 피로로 나타난다.

국내 직장인 542명을 대상으로 한 설문조사에서 '회사의 혁신경영 방침에 대해 피로감을 느낀 적이 있습니까?'란 질문에, 73.8퍼센트가 '있다'라고 응답했다. 이 설문에서 특히 흥미로운 현상은 공기업, 공공기관에 근무하는 직장인 그룹에서 이런 혁신 피로감이 높게 나타났다는 점이다. 진짜 혁신을 열심히 한 결과로 피로감이 생기는 것이 아니라, 혁신적 시도를 할 수 있는 여건도 안 되는 상태에서 직원들을 피로하게만 할 때 혁신 피로감이 생기는 것이다.

그렇다면, 진짜 혁신이 일어날 만한 조직의 풍토와 여건은 무엇일까? 크게 보아 세 가지로 정리할 수 있다.

수평적인 문화 ─────

첫째, 무엇보다 수평적인 조직문화가 필요하다.

차세대융합기술연구원 손욱 센터장은 "4차 산업혁명 시대 경쟁력의 원천은 조직문화이며, 수평적 조직문화를 바탕으로 직원들의 역량을 이끌어내는 것이 핵심과제"라고 하여, 수평적 조직문화 위에서 비로소 혁신이 가능함을 강조했다. 혁신은 강요로 이루어질 수 없고 스스로 하고 싶어야 된다. 따라서 구성원들이 자발적으로 새로운 시도를 하고 싶도록 여건을 조성해주어야 하는데, 이를 위해서는 수평적인 문화가 전제가 되어야 하는 것이다.

그러나 안타깝게도 우리나라는 조선시대, 일제시대, 군사독재, 압축 성장 시기를 거치면서 수평적 문화를 접할 기회가 거의 없었다. 수직적 문화의 대명사처럼 쓰이는 '군대문화'가 아직도 기업 조직 안에 남아 있다는 것이 직장인들의 생각이다.

취업포털 인크루트가 최근 성인 남녀를 대상으로 한 조사에서 71퍼센트 응답자는 우리 조직 내에 '여전히 군대문화가 있다'고 응답했다. 사람들이 군대문화를 느끼는 이유는 '의견조차 내지 못하는 억압적 분위기(15퍼센트)', '최고 지위자의 스케줄, 의사에 따라 중요한 업무 일정 및 결정사항들이 무리하게 바뀔 때(12퍼센트)', '딱딱하고 권위적인 보고 분위기(11퍼센트)' 등으로 나타났다.

물론 21세기에 들어 우리 사회에도 많은 변화가 있었던 깃은 사실이다. 월드컵 4강 진출을 통해 세계 무대에서 자부심도 드러냈고(2002년), 국민소득 1만 달러를 찍은 지 13년 만에 2만 달러를 넘어섰고(2008년), 조기유학생이 한 해 2만 명을 돌파했고(2011), 세계적인 대기업도 여럿 갖게 되었다. 수평적인 문화를 위해서 기업들도 이런저런 노력을 했다. 호칭을 없애도 보고, 직접 커뮤니케이션도 하고, 혁신적인 시도에 성공하면 파격적인 보상도 약속했다.

그러나 조직문화 DNA 안에 깊이 새겨진 습관이 바뀌기에는 역부족이다. 세계적인 경영 석학 게리 하멜Gary Hamel은 "전통적 조직을 혁신조직으로 만드는 일은 개를 훈련시켜 두 발로 걷게 하는 것과 같다"라고 다소 심한 비유를 했는데, 우리나라에서 수직적인 기업무화를 수평적인 문화로 바꾸는 것은 정말 그 정도 어려운 일이라고 생각한다. 이유는 간단하다. 수평적인 문화나 수직적인 문화는 조직 구성원 간의 '관계' 그 자체이기 때문이다. 흔히 '내가 저 인간 때문에 회사를 때려치우든지 해야지'라고 말하는 사람은, 그 회사를 다니는 이상 그런 인간들과의 관계를 피할 수 없다.

생각할 여유가 있는 분위기 ───

둘째, 직원들이 생각하고 시도할 수 있는 정신적, 시간적 여유가 있어야 한다.

조직 이론 중에 '슬랙Slack 이론'이라는 것이 있다. 슬랙은 옷을 재단할 때 나오는 원단의 자투리를 말한다. 슬랙 이론의 주장을 한마디로 정리하면 '조직에 약간의 여유가 있어야 사람들이 혁신적으로 일한다'는 얘기다. 효율성은 조금 희생해야 하지만 말이다.

이런 사례의 대표로 인용되는 것이 기술 기반 소비재기업 쓰리엠이다. 책 앞부분에서도 언급했듯이, 이 회사는 매출의 35퍼센트 정도가 신제품에서 나오고 누적 특허 건수가 11만 건에 달하지만 경영진은 직원들을 혁신학교에 보내거나 야근을 강요하지 않는다. 오히려 반대로 너무 눈앞의 일만 하지 말고 좋은 아이디어 있으면 시도해보라고 권장한다. 이것이 중요하다. 쓰리엠의 방식은 구글도

가져가서 쓰고 있고('20퍼센트 룰'), 다른 여러 기업들도 따라했기 때문에 이제는 그냥 상식이 된 사례다.

그럼에도 불구하고 우리나라 기업 풍토에서는 직원들이 업무와 무관한 일을 하고 있으면 관리를 잘못하고 있다고 생각하는 것이 보통이다. 그러나 4차 산업혁명 시대에는 시간 투입과 결과의 산출이 비례하지 않는다. 진짜 일 잘하는 직원은 시간이 없다고 불평하지 않는다. 어차피 로봇과 인공지능이 사람의 일을 많이 도와줄 테니 직원들은 좀 더 창의적인 일을 궁리하는 데 시간을 좀 더 써도 되지 않을까?

흥미로운 것은 동물 군집에서도 비슷한 모습이 관찰된다는 점이다. 2015년 일본 홋카이도대학의 하세가와 에이스케 교수 연구팀은 노는 개미에 대한 관찰 결과를 영국 과학지 〈사이언티픽 리포츠〉에 발표해 주목을 끌었다.

사실 개미집단 안에 20~30퍼센트의 일하지 않는 개미가 존재하는 것은 이미 알려져 있었다. 연구팀의 업적은 이것이 군집을 더 오래 보존하기 위한 수단임을 증명한 데 있다. 일하는 개미들이 모두 지쳤을 때 놀던 개미들이 대신 일을 해 집단이 존속하며, 모든 개미가 일하는 집단은 지쳐 움직일 수 없게 되었을 때 알을 돌보지 못해 멸망 위험에 빠진다는 것이다.

연구팀은 1,200마리의 개미를 한 마리씩 구분할 수 있도록 색을 입힌 후 한 달 이상에 걸쳐 관찰하고 그 결과를 컴퓨터 시뮬레이션을 통해 검증했다. '빈둥거리는 개미가 일부 존재하는 일견 비효율적인 시스템이 집단 존속에 꼭 필요하다'라는 이 연구 결론은 인간을 대상으로 하는 조직 이론에 적용해도 손색이 없어 보인다.

'혁신의 아이콘' 스티브 잡스가 대학 중퇴 후 한가한 시간을 활용하여 대학 벤치와 게시판의 서체를 관찰하고, 서체^{Calligraphy} 수업을 들었던 경험을 자양분으로 매킨토시라는 제품을 만들었던 것 또한 같은 맥락으로 생각해볼 수 있다.

실패를 용인하는 문화 ────

셋째, 혁신을 위한 최선의 시도가 실패를 했을 때 이를 격려하거나 최소한 용인하는 분위기다.

야구의 예를 들어보자. 프로야구 선수가 타율 3할을 유지하면 훌륭한 기록으로 친다. 그러나 뒤집어 보면 평균 10번에 7번은 실패한다는 얘기다. 야구 선수는 매일 밥만 먹고 야구만 생각하고 연습하고 경기를 뛰는데도 이 정도다.

한편, 기업에서 혁신적인 제품, 방법, 아이디어를 실천하는 것은 매일 반복할 수 있는 일이 아니다. 기존에 해보지 않은 일이나, 시도해보지 않은 방법을 적용하는 것을 전제로 하기 때문에 기대한 결과가 나오지 않을 가능성이 높다. 안 그래도 답이 없는 과제를 하느라 고민도 많고 힘들었는데, 당장 결과를 내지 못했다고 질책을 하거나 책임을 묻는다면 어떻겠는가? 속으로 "내가 다시 이런 일을 하나 봐라" 하는 생각이 절로 들 것이다.

이와 관련하여, 베스트셀러《축적의 시간》을 공동 집필한 서울대 산업공학과 이정동 교수는 한 인터뷰에서 "2000년대 이후로 우리나라에 새로운 산업, 기존 산업을 대체할 만한 신산업이 거의 생기지 않고 있다"라고 지적하면서 지금까지와는 다른 비즈니스 관행을 만들거나, 새로운 시장을 창출하기 어려운 우리의 풍토에 대해 경고하고 있다.

영국의 혁신적인 가전 업체 다이슨^{Dyson}은 히트상품 '먼지봉투 없는 진공청소기'를 만드는 과정에서 5,126번의 실패를 기록했다. 실패의 원인과 실패를 통해 배운 점 등을 데이터베이스화했다.

세계적인 제약회사 일라이 릴리^{Eli Lilly}는 염증치료제 개발에 실패한 신약을 포기하지 않고 연구하여 발기부전제 비아그라^{Viagra}로 재탄생시켜 대박을 쳤다.

2016년 3월 이세돌 9단과 세기의 대결에서 알파고^{AlphaGo}가 이겼지만 그 과정에서 구글 딥마인드는 실패한 프로젝트가 수십 개가 넘었다.

직원들은 새로운 시도를 할 때 그것이 실패해서 자신의 경력에 오점을 남기게 될지, 아니면 그것의 성공으로 인해 자신의 일자리가 더 필요하지 않게 될지 두려워할 수밖에 없다. 그런 생각을 하지 않도록 심리적 안정감을 주는 것이 4차 산업혁명 시대의 혁신을 주도하는 리더들이 고민해야 할 일이다.

팀 중심 운영으로
경쟁력을 높인다

인공지능의 시대로 접어들면서 사람들이 관심을 갖는 것은 크게 두 가지로 보인다. 하나는 인공지능이 보편화되는 시기가 언제인가 하는 것이고, 또 하나는 인공지능 시대에 인간이 여전히 인공지능보다 차별적으로 잘할 수 있는 일이 무엇인가다.

전자에 대해서는 전문가마다 이론이 분분하지만, 후자에 대해서는 비교적 의견이 일치한다. 휴먼 터치와 같은 '감정'을 활용하는 것과, 다른 사람과의 '협업'을 필요로 하는 분야에서는 여전히 인간의 역할이 쉽게 대체되지 않을 것이라고 보는 것이다.

《사피엔스》,《호모데우스》등의 저서로 세계적인 베스트셀러 작가가 된 이스라엘 헤브루대학교의 유발 하라리Yuval Harari 교수는 호모 사피엔스라는 종이 가진 최대의 강점은 '집단'을 이루는 능력에 있다고 강조했다. 영국 옥스퍼드대학교의 저명한 진화생물학자 로빈 던바^{Robin Dunbar} 교수가 주장한 '사회적 뇌 가설^{The Social Brain} ^{Hypothesis}' 역시 인간의 뇌가 오늘날처럼 발달한 것 또한 복잡한 사회적 관계 때문이라고 주장한다.

앞에서도 전통적인 위계조직과 수직적 문화는 4차 산업혁명 시대에 설 자리가 점차 좁아질 것이라고 강조했다. 전통적인 위계 조직은 근본적으로 새로운 시도, 틀을 깨는 협업, 기민한 적응과는 거리가 멀다. 원래 대량 생산, 반복 업무, 안정적 통제, 생산성 극대화 등의 원칙 하에 만들어진 것이기 때문이다.

팀으로 일하는 조직 ──────

위계조직은 조직 간 장벽을 만들고, 구성원들의 창의성과 자발성을 질식시키며, 너무 유지 비용이 많이 들고, 결정적으로 너무 느리다. 회사가 같은 수의 인력을 고용하더라도 어떻게 조직화하느냐에 따라 일하는 방식, 역량 발휘 정도, 성과 수준이 다를 수 있다.

전통적인 위계조직은 구성원이 늘어나면 조직의 계층을 아래로 확대한다. 네 명의 팀원과 한 명의 관리자인 부서에 사람을 5명 충원하면, 부서장 한 명에 중간관리자 2명, 일반 팀원 7명이 되는 식이다. 팀원은 중간관리자에게 보고하고, 중간관리자가 부서장에게 보고한다. 대기업에서는 이런 레벨이 대여섯 개나 된다.

그러나 팀 중심으로 일을 하는 조직은 일과 사람이 많아져도 팀의 개수를 늘릴 뿐 계층을 확대할 필요가 없다. 따라서 조직이 커져도 수평적인 문화를 유지할 수 있다. 팀 구성원은 다른 모든 팀원들과 함께 일을 하기 때문에 아이디어의 생성과 교류가 더 활발하다.

물론, 위계조직이 어느 날 갑자기 공중분해 되어 버리는 것은 아니다. 상당 부분의 일은 효율화되어 없어지고, 알고리즘화될 수 있는 일들은 인공지능이나 로봇이 하게 될 것이며, 결국 가장 어렵고 복잡하고 답이 없는 새로운 과제들만이 조직 안에 남을 것이다. 결국 미래 조직은 이런 프로젝트의 집합체의 형태로 갈 것이다. 그런데 역설적으로 이런 일은 기존의 위계조직으로는 이런 프로젝트에 손을 대기도 어렵다. 그래서 팀이 필요해진다. 그것도 아주 많이.

따라서 기업들은 우선 팀 중심의 일하는 구조를 시도하고 정착시킬 필요가 있다. 우선 신사업 발굴과 추진을 위한 별도 조직을 신설하는 방법이 있다. 조직 전반적으로 변화의 움직임을 확산하려한다면 기존 조직 구성원들의 시간의 일정 부분을 새로운 프로젝트 팀에 할애하도록 하는 것도 방법이다. 좀 더 과감한 방법은 조직 계층 구조 자체를 수술해서 단계를 줄이는 것이다.

팀이 천재를 이긴다 ─────

삼성의 이건희 회장은 1990년대부터 그룹의 사장들에게 최고의 인재를 확보하라는 주문을 하면서 '천재론'을 폈다. "천재 한 명이 10만 명, 20만 명을 먹여살린다"는 것이다. 그러나 회장은 천재만 있으면 된다고 한 적은 없다. '천재가 먹여살린다'는 말은 어디까지나 우수 인재가 매우 중요하다는 비유적인 표현이었을 뿐이다. 그러나 결과적으로 천재론은 탁월한 팀워크보다 일부 천재적 인재를 더 중시하는 경향으로 오해된 면이 없지 않다. 4차 산업혁명 시대로 접어들면서 이 오해된 개념을 폐기할 필요가 있다.

극적인 예를 들어보자. 애플의 2007년 아이폰 출시는 천재를 누구보다 많이 뽑는 삼성의 자존심을 구겼다. 애플에는 스티브 잡스라는 천재가 있고, 삼성에는 그런 천재가 없었다는 식의 얘기가 많았다. 그러나 이 설명은 완전히 틀렸다. 애플은 한두 명의 천재에 의해 좌지우지되는 회사가 절대 아니었으니 말이다. 애플은 철저하게 소수의 팀으로 움직였고, 스티브 잡스는 많은 팀에 참여했을 뿐이다. 잡스 사망 후 애플은 팀 쿡과 8인의 집단 지도체제로 운영된다는 것도 애플이 팀 중심 회사라는 증거다. 삼성이 아이폰 대항마로 갤럭시S를 몇 달 만에 만든 것 역시 팀의 성과로 알려져 있다.

팀의 우수성을 보여주는 연구는 너무 많다. 대표적인 최근 연구 하나만 보자. 미국 UC 버클리대학교의 리 플레밍$^{Lee Fleming}$ 교수팀은

50만 개 이상의 특허 출원 기록을 수집, 개인출원 특허와 공동출원 특허로 구분하여 분석해보았다. 개인출원의 경우는 상대적으로 사소한 발명품이 대부분이었고, 획기적인 발명품은 대개 공동출원의 결과물로 나타났다. 개인 연구자들은 다른 사람의 피드백을 충분히 받지 못해서 나쁜 아이디어를 걸러내는 능력이 현저히 낮아서라는 것이 이 팀의 분석이었다(Lee Fleming & Jasjit Singh, 2010).

성공하는 팀의 7가지 공통점 ─────

모든 팀이 다 강하다는 말은 아니다. 분명 팀 중에도 제대로 작동하지 않고 갈등만 반복하다가 해체되는 경우가 많다. 성공하는 팀, 실패하는 팀을 비교해보면 분명히 차이 나는 부분이 있다. 다양한 연구를 조사해서 종합했을 때 성공적인 팀에는 아래와 같은 몇 가지 공통점이 있다. 기업 현장에서 팀을 만들고 운영할 때 가이드로 참고할 만하다.

1. 팀의 규모가 적절하다

인원이 많은 것과 팀의 성과는 비례하지 않는다. 오히려 작고 탄탄한 팀이 더 성과를 낸다. 파킨슨의 법칙, 링겔만 효과 등의 개념은 불필요하게 사람만 많은 팀들의 비효율을 대변하는 이론이다. 필요 이상으로 팀원이 많으면 무임승차하는 사람도 함께 늘어나고, 다른 팀원들의 동기도 깎아먹는다는 얘기다.

2. 팀 구성원이 다양하다

컨설팅회사 맥킨지가 2010년에 366개 회사를 대상으로 연구를 했더니 성별, 인종별 다양성이 높은 회사들이 평균적으로 성과가 15퍼센트 및 35퍼센트 높게 나타났다. 구성원들이 다양하면 그룹사고 group thinking의 오류 확률이 적고, 창의적인 아이디어도 많이 나오기 때문이다. 세 명, 네 명의 팀을 짤 때도 가급적 성별, 세대, 전문성 등의 다양성을 고려해야 한다.

3. 명확한 규범을 공유한다

규범은 해도 되는 행동과 하면 안 되는 행동의 범위로 상호 합의된 것을 말한다. 규범을 형성하는 것은 인간 고유의 특성이고, 어떤 규모의 조직에서도 발견되는 현상이다. 팀의 경우도 예외가 아니다. 팀의 규범에서 중요한 것은 두 가지다. 모순되는 규범을 동시에 추구하면 안 된다는 것과 모든 팀원에게 동일하게 적용되어야 한다는 것이다.

4. 위계구조가 없거나 덜하다

조직이 일사불란하게 움직이려면 명령체계가 필요하다. 그러나 작은 규모의 팀 구조에서는 명령과 지시보다는 자발적 수행과 상호 지원, 협의가 어울린다. 하위 부서, 보고체계, 직급 등은 수평적 문화와 어울리지 않는다. 실리콘밸리 기업들은 대부분 위계구조가 없거나 최소화된 형태를 취한다.

5. 소통이 잘 된다

소통이 잘되는 팀은, 모든 팀원이 비슷한 비율로 발언한다. 소수 팀원이 발언권을 독점할 경우 집단지성이 쇠락하기 때문이다. 미국 MIT대학 연구팀이 웨어러블 장비를 활용해 많은 실제 팀들을 대상으로 실험해본 결과 협업이 잘되고 성과를 잘 내는 팀에서는 구성원들이 모두 적극적으로 자기 의견을 얘기하는 것을 확인했다. 반면, 성과가 잘 나지 않는 팀은 일부만 커뮤니케이션에 참여하고, 다수는 침묵했다.

6. 갈등 관리가 잘 된다

팀 안에 갈등이 없을 수 없고 없어서도 안 된다. 갈등이 없는 팀은 일을 안 하는 팀이기 때문이다. 다만, 갈등에는 두 가지 유형이 있다. 과업 수행 관련한 의견과 관점 차이에서 기인하는 '인지적 갈등'은 필요하다. 피해야 하는 것은 '감정적 갈등'이다. 서로 대립하는 상황에서도 상대의 의견은 존중하고 듣는 팀이 좋은 팀이다.

7. 건강한 동료 압력이 있다

수평적인 작은 팀에는 전통적 개념의 상사가 없는 경우가 많다. 이는 일부 팀원의 방종, 나태, 비협조 등 문제 행동으로 이어질 수 있다. 이를 방지하기 위해서는 건전하고 솔직한 동료의 피드백을 일종의 압력으로 활용해야 한다. 구글, 페이스북, 아마존 등 회사에는 이런 시스템이 잘 발달되어 있다.

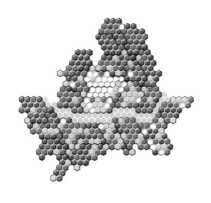

사람 중심으로
공간을 디자인한다

국내 비영리 조사 네트워크 '공공의 창^뜻'은 전국 4,500명에 대한 설문조사 및 10년간 지역별 자살자 분포 분석을 통해 지역별 자살 위험 지도를 그려냈다. 전국 17개 시도 252개 시군구 3,491개 읍면동을 자살 위험도 순서로 5개 구간으로 구분한 것이다.

위 그림은 서울특별시 지도인데, 색상으로 구분된 점들이 자살 위험도를 보여준다. 이 연구를 통해 자살 위기에 놓인 사람들에게 가장 큰 영향을 미치는 인구사회학적 요인은 '열악한 주거환경'임이 밝혀졌다. 제일 심각한 경우가 '20평 이하', '월세 거주'였다.

《주거공간의 역사》를 쓴 공간사회학자 피터 워드^{Peter Ward}는 서구의 가정 공간이 사생활과 자기 영역, 각자의 방을 수용하는 방향으로 발전한 것과 서구 문화가 집단보다 독립성, 자율성 등 개인에게 더 가치를 두게 된 것이 밀접하게 연관되어 있다고 했다.

공간은 개인의 정신건강뿐 아니라 사회 규범과 가치에도 영향을 미친다. 이러한 사실을 고려하면 주중 매일 8시간 이상을 일터에서 보내는 직장인에게, 일하는 공간은 개인의 건강뿐 아니라 팀 분위기, 업무 생산성, 동료와의 협업 등에 모두 영향을 미치는 중요한 조직문화 요인이다. 이점은 4차 산업혁명 시대가 된다고 해도 바뀌지 않을 것으로 보인다.

중국의 한 휴대전화 생산 현장에서 이루어진 몇 년 전 연구 사례다. 하버드대학교 연구팀은 근무 공간 파티션이 노동 생산성과 구성원 간 소통에 미치는 영향을 연구하기 위해 실험을 했다.

원래 이 공장은 축구장 크기만 한 작업장에 벽이나 칸막이 하나 없이 2,000명 넘는 직원들이 교대 근무를 하는 사업장이었다. 직원들의 작업 모습과 일거수일투족은 완전히 노출되어 있었고, 어떠한 프라이버시도 허용되지 않았다. 연구팀은 작업장 라인 중 한 곳에 실험적으로 커튼을 두르고 5개월간 작업자 행동과 성과 변화를 모니터링했다. 커튼 하나 쳤을 뿐인데 다른 라인 대비 생산성은 10~15퍼센트 높아지고 불량은 오히려 감소했다.

나중에 직원들을 인터뷰한 결과 작업팀을 구분하기 위해 설치한 커튼 덕분에 팀원들끼리 손발을 맞춰 일하기가 더 좋았고 만족스러웠다고 얘기했다. 적당한 물리적인 울타리는 그 안에서 일하는 작업자들을 다른 사람들과 시각적으로 구분해줌으로서 심적인 안정감, 동료애, 솔직한 소통 등에 기여했던 것이다.

2010년 경 한국에 스마트워크 붐이 일었던 적이 있다. 불합리하고 비효율적인 관행을 탈피해 스마트하게 일을 함으로써 생산성도 높이고 일과 삶의 균형도 찾자는 취지의 변화였다. 덕분에 시차출퇴근제, 보고와 회의 문화 개선 등 긍정적인 변화도 많았다.

그러나 무엇보다 직장인들이 체감하는 변화는 업무 공간과 장소를 유연화하는 것이다. 재택근무, 현장근무, 모바일데스크 등 직원이 일할 장소를 선택할 수 있도록 하는 유연근무 형태는 업무의 편의성뿐 아니라 직원들의 '자기통제감'을 높인 덕에 인기를 끌었다.

공간과 효율성과의 관계 ───

사람은 '생각하는 인간'이며 동시에 '사회적 인간'이다. 업무 몰입과 천착을 위해서는 주변의 방해를 받지 않고 깊이 사색할 수 있는 공간이 필요하다. 반면, 머리를 맞대고 문제를 해결하고 서로 배우고 한 조직에 대한 소속감을 느끼기 위해서는 자주 얼굴을 보고 만날 수 있는 공간 설계가 필요하다. 따라서 사람들이 근무하는 환경에는 프라이버시가 보장되는 공간과 구성원이 자연스레 모일 수 있는 개방형 공간이 모두 필요하다.

그런데, 현실적으로는 여기에 하나의 조절 변수가 추가된다. 바로 조직 안에서의 관계다. 사람들이 어떤 특성을 가진 공간에서 일하는 것을 선호하느냐는 그 공간에 어떤 사람들과 같이 있느냐에 따라 다르다는 것이다. 이와 관련한 흥미로운 사례가 두 가지 있다.

몇 년 전 한 국내 제조 대기업 본사에서 사무직 임직원들을 대상으로 전격적으로 변동좌석제를 도입했다. 매출액 기준 국내 10대 그룹사 중 하나였고 조직문화가 다소 보수적인 회사였다. 개인별 지정 좌석을 없애는 대신 쾌적하게 리모델링한 사무실에 출근하는 순서대로 원하는 위치에 앉을 수 있게 한 것이다.

그랬더니 예상치 못한 결과가 나타났다. 직원들의 출근 시간이 상당히 앞당겨진 것이다. 그런데 그 이유가 재미있다. 팀장들의 지정석은 그대로 두었는데 직원들이 일찍오는 순서대로 최대한 자기 팀장 자리에서 먼 곳부터 앉기 위해서 출근 시간을 앞당겼던 것이다. 출근 시간에 딱 맞춰온 직원은 팀장님 바로 옆 자리에서 하루종일 근무를 하게 되는 것은 말할 것도 없다.

다른 하나는 사무 공간 소음에 관한 사례다. 기존에 직장인들이 업무 공간에서 가장 불만을 가지는 요인 중 하나는 소음으로 알려저 있었다. 특히 벽이나 파티션이 없이 완전히 개방되어 있는 환경에서는 다른 직원들이 업무에 대한 대화를 나누는 소리 때문에 집중에 어려움을 겪는다. 그러나 아이러니는 소음이 더 심한 커피숍에서는 오히려 집중이 잘 된다는 것이다. 최근에 실제 이 현상을 검증하는 실험들이 있었다.[38]

연구팀은 참가자를 4개의 그룹으로 나눠 소음 수준을 달리한 환경 안에서 창의력 테스트를 실시했다. 그 결과 70데시벨 그룹의 평균 성적이 다른 그룹을 뚜렷이 상회했고, 다른 그룹(각각 0데시벨, 50데시벨, 85데시벨) 간에는 결과 차이가 거의 없었다.

70데시벨은 음악 속에 사람들의 대화 소리가 섞인 커피숍 소음 수준이다. 소음은 같은데 왜 사무실에서는 집중에 방해를 받고 커피숍에서는 문제가 없는 것일까? 그것은 소음을 내는 사람이 누구냐에 달려 있다. 커피숍에서 나오는 음악과 왁자지껄한 대화는 내가 신경 쓸 필요 없는 남들이 내는 소리기 때문이다. 회사에서 상사와 동료들이 하는 얘기에는 신경을 끄기가 쉽지 않다는 것이다.

공간을 파는 비즈니스가 뜬다 ────

바로 앞에서 예를 든 두 가지 사례는 직원들이 업무에 몰입하는 여건을 조성하는 데는 물리적 환경과 함께 동료, 상사와의 접촉, 소음에 대한 관리 등 종합적인 고려가 필요함을 보여준다. 그런데 개별 기업들이 이런 모든 측면을 감안한 사무 공간을 조성하는 것은 쉽지 않다.

이런 현실 속에서 첨단 공간 플랫폼 사업들이 활발해지고 있어 주목을 끈다. 지난 2010년 뉴욕에서 설립된 세계 최대 사무실 공유 서비스 기업 위워크^{WeWork}는 2017년 8월 소프트뱅크그룹으로부터 추가로 30억 달러를 투자받고 세계 전역으로 사업 확장 의지를 불태우고 있다. 2017년 8월 기준 한국을 포함하여 세계 16개국, 50여 도시에 진출했다.

위워크에 이어 네덜란드 암스테르담에 본사를 둔 공유 오피스 서비스 기업 스페이시즈^{Spaces}도 종로에 국내 1호점을 내며 진출했다(〈사진 3-5〉). 네덜란드는 세계적으로도 공간 기반 스마트워크 선도적으로 도입한 나라다.

이런 회사들은 단순히 공간을 임차하는 것이 아니라 '업무 플랫폼'을 제공한다. 거기에는 효율적인 공간 외에도 교통이 편리한 위치, 다른 회사 사람들과의 네트워킹 기회, 각종 부대 서비스 등 부가적 가치가 크다.

글로벌 부동산 관리 전문기업 CBRE는 〈2017년 아시아태평양 조사〉를 통해 글로벌 기업의 64퍼센트가 2020년까지 플랫폼형 외

〈사진 3-5〉 스페이시즈 종로 1호점 내부

부 사무공간 활용 계획을 가지고 있음을 확인했다. 주된 요인은 비용 절감이지만 협업 및 유연성 촉진 등 조직문화 관련 요인도 중요한 것으로 꼽혔다. 2017년 상반기 기준 중국 상하이에만 이런 공간이 100개 이상 있다.

조직문화와 연계된 공간 설계 ─────

구글, 페이스북, 애플 같은 혁신 기업들은 직원들의 업무 공간에 많은 투자를 하는 것으로 알려져 있다. 중요한 이유 중

하나는 협업과 창조에 유리한 업무 공간을 제공하기 위함이다.

구글의 신사옥은 다양한 부서 직원들이 일터에서 자주 우연히 마주치도록 디자인되어 있다. 야후는 회사 복도나 구내식당에서 벌어지는 토론을 장려하기 위해 재택근무를 폐지했다. 미국의 혁신적 온라인 기업 자포스는 이런 만남의 범위를 회사 내부로 한정하지 않고 지역사회까지 확대했다. 한국의 기업들도 최근 들어 사무공간에 투자하는 사례가 자주 언론에 보도되고 있다.

이런 트렌드는 직원들이 만족할 수 있는 근무환경을 제공한다는 면에서 바람직하지만, 기왕 하려면 회사 또는 부서가 지향하는 조직문화에 맞는 방향으로 설계를 하면 더욱 좋을 것이다.

조직문화의 유형을 구분하는 이론적 모델 중 가장 많이 쓰이는 것으로 경쟁가치모형Competing Values Framework이라는 것이 있다. 이 모델은 조직문화를 크게 관계형 문화, 혁신형 문화, 통제형 문화, 경쟁형 문화 등 네 가지 유형으로 분류한다. 관계형 문화와 경쟁형 문화는 정반대다. 혁신형 문화와 통제형 문화 역시 상반되는 속성을 지닌다. 혁신형 문화와 통제형 문화에 해당하는 공간 배치의 사례를 살펴보자(How to Create a Successful Organizational Culture: Build It —Literally, Haworth Research (2015)).

〈그림 3-6〉은 혁신형 문화에 맞는 공간 배치 사례다. 혁신형 문화에서는 팀 중심으로 도전과 실험을 통해 새로운 결과물을 만들어

혁신형 문화(창의성 중심)
새롭고 혁신적인 결과를 창조하는 것이 목적
(유대감-개방성 공존, 도전·실험·창조 분위기)

- 개인 공간과 그룹 공간을 비슷하게 부여
- 자유로운 상상을 자극하는 공간을 충분히 제공
- 집단 지성과 소통 위한 파격적인 노출
- 사무 집기 공간배치를 유연하고 자유분방하게

〈그림 3-6〉 혁신형 문화에 맞는 공간 배치

내는 일이 많다. 따라서 팀 멤버 간의 유대감을 높이면서도 개방성이 공존하며, 실험정신을 자극하는 공간 특성이 필요하다. 개인적 몰입과 그룹 브레인스토밍을 위해 개인 공간과 협업 공간을 비슷한 규모로 한 공간에 부여해야 한다. 또한 집단지성과 소통을 위한 파격적인 노출 공간을 중간에 배치하고, 사무 집기나 용품 등 역시 자유분방함과 유연함을 느낄 수 있는 것으로 선택하면 좋다.

〈그림 3-7〉은 통제형 문화에 맞는 공간 배치인데, 이런 조직에

통제형 문화(위계 중심)
조직 자체의 안정성과 질서 유지가 중요
(질서와 규칙 준수, 위험 통제, 효율성 위주)

• 집중해 일하는 개인 공간 중심 구성
• 공식적 공간 위주(회의실, 문서 보존고, 복사실 등)
• 효율적으로 잘 짜여진단순 격자(grid)형 레이아웃
• 업무 집중이 가능하도록 외부 자극 차단

〈그림 3-7〉 통제형 문화에 맞는 공간 배치

서는 질서정연함, 효율성, 안정적인 분위기가 느껴지도록 하는 것이
중요하다. 집중해서 업무를 처리할 수 있는 개인별 사무 공간이 기
본이 되고, 회의실, 문서보존고, 복사실과 같은 공식적 공간이 편리
하게 갖추어져야 한다. 전반적으로 낭비 없이 잘 짜인 느낌을 주는
격자형 레이아웃이 위주이며 많은 보고를 받고 기밀사항을 다루는
임원들은 개폐식 문이 달린 집무실을 제공받는다. 외부 소음이나
시각적 자극의 영향을 받지 않도록 차단하는 것도 필요하다.

앞에서 보듯이 기업 또는 부서가 수행하는 업무와 주된 조직문화에 따라 공간 배치, 집기 활용, 노출 정도 등이 모두 다르게 설정이 될 수 있다. 만약 통제형 문화가 지배적인 기업에 혁신형 문화에 맞도록 공간을 배치할 경우 구성원들은 혼란과 불안감을 느낄 가능성이 높다. 반대의 경우에도 마찬가지다. 젊은 스타트업 기업의 사무 공간이 옛날식 칸막이와 철제 책상으로 채워져 있다면 직원들이 답답하다고 느낄 것이 분명하다.

이렇게 공간을 하나 설계하는 것도 크고 작은 물리적인 단편들이 사람의 직장 생활에 미치는 의식적, 무의식적 요인들을 고려하여 결정하는 것이 미래 조직에서 조금이라도 더 경쟁력을 확보하는 방법이 될 것이다.

조직문화에 대한 고정관념을 버린다

3장을 시작하면서 한국 기업들이 조직문화 측면에 상대적으로 낮은 점수를 받고 있다는 점을 지적했다. 그러나 우리 기업들이 조직문화에 대한 관심이 낮은 것은 절대 아니다.

많은 회사들이 '일하기 좋은 기업' 또는 '최고의 직장'이 되기 위해 노력 중이고, 대기업에는 조직문화 또는 조직개발을 전담하는 전문가들도 많이 있다. 웬만한 규모의 회사에는 핵심가치, 비전·미션 체계도 잘 갖추어져 있고, 한 해 한두 번 직원 설문을 하고 변화 워크숍을 하는 정도의 노력은 많이 하고 있다. 유연근무제, 호칭 없애기, 수평적 조직, 파격적 복지 등 다양한 시도를 하는 기업도 심심치 않게 관찰된다. 그러나, 이런 노력에도 불구하고 조직문화가 달라지지 않는 경우도 많다. 원인 중 하나는 조직문화에 대한 뿌리 깊은 고정관념이다.

조직문화에 대한 보이지 않는 일반적인 고정관념에 대해 다시 한 번 생각해보자.

1. 직원 복지가 조직문화다

기업들은 다양한 복지를 제공한다. 직장인들이 모이면 흔히 비교하는 것도, 노조의 주요관심사도 복지다. 매년 '일하기 좋은 기업' 명단이 발표되면 선정기업의 '핫한' 복리후생이 화제가 된다. 사내 운동시설 및 어린이집, 입주 안마사, 호텔급 식사, 애견 돌봄 서비스 등 다양하다.

직원 건강 증진에 도움이 되는 운동, 마사지, 요가 등 프로그램은 조직 활력을 높인다. 업무에 매몰되기 쉬운 직장 생활에서 벗어나 문화, 예술, 공연 등을 즐길 수 있도록 하면 구성원이 창의력과 마음의 여유를 재충전할 수 있다. 뭐든지 배울 수 있도록 도서 구입, 교육 및 자격증 지원을 하는 것은 직원들의 호기심을 자극한다. 아니면 자사의 제품이나 서비스에 대한 할인을 제공하거나, 사회공헌 활동과 연계한 프로그램도 괜찮은 아이디어다.

그러나 돈으로 직원 마음을 살 수는 없다. 복지는 위생요인이지 동기요인이 아니다. 만들기는 쉬워도 없애기가 어렵다. 여유 있을 때 늘인 복리후생이 허리띠를 졸라매야 할 시기에 걸림돌이 된다.

구글 인사담당 셰넌 디건^{Shannon Deegan} 전 부사장은 한 강연에서 이렇게 말했다.

"(복리후생이) 구글 문화는 아닙니다. 비즈니스 수행에 필요한 '비용'이죠."

구글의 인사담당 임원의 솔직한 코멘트에서 중요한 시사점을 얻을 수 있다. 복지는 물론 필요하다. 단, 직원들의 필요를 잘 헤아려 최적의 비용으로 스마트하게 복리후생을 제공할 일이다.

2. 진단해서 평가하면 좋아진다

조직문화 관련 활동에서 빠지지 않는 것이 진단이다. 조직효과성, 조직몰입도, 핵심가치 진단, 리더십 360도 평가 등등 진단의 종류도 정말 다양하다. 잘 설계된 진단은 조직 이슈에 대한 구성원들의 생각을 객관적으로 파악하는 좋은 기회지만, 병을 진단하는 의사가 꼭 치료도 잘 하는 의사가 아닌 것처럼 진단만 한다고 조직문화가 저절로 좋아지지 않는다.

직원 설문을 통한 진단 시에는 몇 가지 유의해야 할 사항이 있다.

- 첫째, 바뀌는 것도 없이 진단만 자꾸 하면 구성원은 실망한다. 진단은 '구성원 목소리를 반영하여 필요한 부분은 바꾸겠다'라는 전제 하에 이루어져야 한다. 진단과 개선 노력의 균형이 필

요하다.

- 둘째, 설문을 너무 자주하면 '설문 피로'가 생긴다. 설문 피로의 가장 일반적인 문제는 결과 왜곡이다. 문항을 읽지 않고 기계적으로 답변하는 경우가 많아진다. 왜곡된 결과를 가지고 개선 프로그램을 추진한다면 실패는 불 보듯 뻔하다.

- 셋째, 무리하게 평가에 반영하면 왜곡의 위험이 있다. 평가하면 누구나 신경을 더 쓴다. 문제는 결과에 대한 책임이 없는 사람에게 평가에 반영하면 진단마저 왜곡된다는 점. 평가를 반영하더라도 최소한 1~2년 정도 진단에 대해 익숙해진 후에 임원 평가에 반영하는 정도가 적절하다.

3. 무조건 교육을 많이 해야 한다

조직문화를 보려면 현장에 가야 한다. 사람들이 일하는 곳에 조직문화가 있기 때문이다. 그런데 일부 경영자 가운데 조직문화는 교육을 많이 하면 좋아진다는 확신을 가진 사람이 있다. 그래서 무조건 바쁜 직원들을 연수원 같은 곳에 불러놓고 몇 시간씩 교육을 한다. 문화는 행동이기 때문에 반복적인 교육을 통해 세뇌를 하면 달라진다고 믿는 것이다.

그러나 아쉽게도 교육이 사람의 생각을 바꾸는 데는 한계가 있다. 특히 일방적인 강의 중심의 교육은 더욱 그렇다. 조직문화 교육이라는 것이 어떤 실용적이고 당장의 문제를 해결하는 스킬보다는 다소 추상적이고 뜬구름 잡는 내용으로 여겨지기 쉽기 때문이다.

교육장에서 아무리 세뇌를 해도 교육장을 나서는 순간 다시 평소의 습관과 관습으로 돌아오는 것이 인간의 무서운 관성이다. 도덕 시간에 길거리에 쓰레기를 버리면 안 된다고 더 많이 교육한다 해서 길거리의 쓰레기가 더 줄어드는 것은 아닌 것과 같은 이치이다.

문화와 관련된 교육은 특성상 정신교육으로 흐르기 쉽다. 군대에서 정신교육을 받아본 사람들은 이런 교육이 얼마나 현실과 무관한지 알 것이다. 조직문화 강화에 유용한 교육이 없는 것은 아니다. 단순한 강의와 설명보다는 체험과 문제해결 중심의 방식을 적용하고, 외부 강사를 초청하기보다는 조직 내 존경받는 리더들이 직접 강의를 하도록 하는 등의 방식을 통해 좋은 결과를 얻을 수 있다.

4. 조직문화는 전담 조직이 책임진다

조직문화를 중시하고 충분한 투자를 하는 것까지는 좋은데, 너무 전담 조직 위주로 조직문화 변화를 추진하는 것은 실패하기 쉽다. 조직문화 변화는 리더가 직접 나서지 않으면 안 되기 때문이다.

고객 기업들을 만나보면 조직문화와 관련한 고민 중 하나가 '어떻게 현업의 리더들로 하여금 책임감을 갖게 할 것인가'이다. 사업 담당 임원들은 사업 목표만 달성하면 다른 것들은 지원 조직에서 해주면 되지 않느냐는 생각을 가진 경우가 많다.

심한 경우는 조직 전체의 몰입도 결과가 인사담당 임원만의 핵심성과지표^{KPI}인 경우도 보았다. 이런 경우라면 현업 임원은 자기 조직의 몰입도 결과가 낮게 나와도 아무런 책임감을 느끼지 않을 것이고, 인사나 조직문화 담당 조직에서는 자신들이 나름대로 노력 했다는 것을 보여주기 위해 조직문화의 본질과는 별 관계가 없는 이벤트 위주로 업무를 추진할 수밖에 없다.

진짜 강한 조직문화를 가진 기업들은 창업자나 CEO가 직접 조직문화를 챙긴다. 그리고 조직문화라고 일을 따로 만들기보다는 이미 하고 있는 일 속에 조직문화가 스며들도록 한다. 전담 조직은 중요하다. 그러나 전담 조직에 힘을 실어 주는 것과 전담 조직에 일임하는 것은 다르다.

5. 모두가 행복한 조직문화가 최고다

최근 20년 동안 국내외적으로 펀^{fun} 경영, 행복 경영, 강점기반 조직개발 등 다양한 노력이 시도되었다. 긍정정서(행복)에 기반한 문화는 조직의 활력 향상에 도움이 되는 것은 검증된 사실이다. 그러나 행복과 긍정이 만병통치약이 될 수는 없다.

미국 HR 분야 최대 조직 SHRM^{Society for Human Resource Management}은 매년 직장인을 대상으로 만족도 조사를 실시한다. 직장, 업무, 근무 환경 등에 대한 전반적인 만족도(행복도)를 측정하는데, 해마다 꾸준히 80퍼센트 이상의 결과를 보인다. 파레토 원칙에 따르면 어떤 지표가 80퍼센트에 도달하면 나머지 20퍼센트를 높이기는 매우 어렵고 실익이 적다는 것은 상식이다.

　반면, 성과에 직접적인 영향을 미치는 직장인들의 업무 몰입도
는 조사에 따라 20~30퍼센트대 사이를 왔다 갔다 하는 것이 현실
이다. 사람이 불행하다고 느끼면서 성과를 내지 않는 것은 사실이
지만, 행복하기만 하면 그것이 꼭 업무 몰입으로 이어지는 것은 아
니라는 얘기다. 조직에서 너무 긍정 정서만 강조하면 직원들의 주
의력 및 위험인지 부족을 야기하고 실행력을 오히려 떨어뜨린다는
연구도 꽤 많다.

6. 내부 갈등은 없을수록 좋다

　구성원 간 갈등, 부서 간 심한 갈등은 조직 분위기를 해치지만,
모든 갈등과 논쟁이 조직에 나쁜 것은 아니다. 적절한 수준의 갈등
은 필요하다. 전혀 갈등이 없다는 것은 일을 하지 않거나, 공통분모
가 없거나, 서로 완전히 무관심하다는 얘기다. 즉, 갈등의 유형도 나
눠서 볼 필요가 있다.

　미국 조지아서던대학교 경영학과 앨런 애머슨Allen Amason 교수는
갈등의 종류를 과업 수행상의 의견과 관점 차이에서 기인한 인지적
갈등, 혐오나 증오 등 부정적 감정에 기인한 감정적 갈등, 처한 입장
의 차이에서 기인하는 역할 갈등 등 세 가지로 구분한다.

　이 중 감정적 갈등은 소모적인 대립, 충돌을 가져오는 경우가 대
부분이지만 인지적 갈등은 과하지만 않으면 건설적인 결과를 낳을

경우도 많다고 한다. 예를 들어, 개발 부서와 마케팅 부서가 서로의 입장에서 팩트와 근거를 가지고 언성을 높이면서 회의를 한다고 너무 걱정할 것 없다. 직원들이 회사를 위해 옳은 선택을 위해 소신을 펼친다는 것은 그 조직이 오히려 건강하다는 증거일 수도 있다.

7. 변화관리는 프로젝트 끝나고 하는 일이다

문화를 바꾼다는 것은 오랜 기간에 거쳐 각인된 생각과 행동을 바꾸는 작업이다. 변화관리 분야의 구루인 하버드대학교 존 코터 John P. Kotter 석좌교수는 이미 1995년에 변화관리의 바이블《리딩 체인지》를 썼다. 코터 교수의 조사에 따르면 기존에 기업들의 변화관리 시도가 기대한 성과를 얻는 비율은 30퍼센트 정도였다. 그는 100개 정도의 기업의 사례를 세밀하게 연구하고, '변화관리 8단계' 모델을 제시함으로써 변화관리의 성공 확률이 높아지기를 기대했다.

그런데 책 출간 후 5년 주기로(2000년, 2005년, 2010년) 맥킨지가 기업들의 변화관리 성공 비율을 추적해보니 매번 예외 없이 변화관리 성공률은 평균 30퍼센트였다. 조직과 문화를 변화시킨다는 것이 얼마나 어려운 일인지를 잘 보여주는 결과다.

이런 높은 실패의 원인은 변화관리에 대한 기업의 인식에도 있다. 본 프로젝트를 하고 나서 일정 기간 후속 관리를 하면 된다는 인식 말이다. 그래서 전체 프로젝트의 10퍼센트 정도의 노력만 들

여서 관리하고, 원래 참가했던 사람들은 본래 업무로 복귀하는 식
이다. 사실 프로젝트와 변화관리가 구분되어 있는 것부터가 잘못
이다. 프로젝트가 곧 변화관리, 변화관리가 곧 프로젝트가 되어야
한다.

4장

리더십
혁신의 시작과 끝은 다름 아닌
리더에 달렸다

트랜스포메이션의 시작은 리더에서부터

인공지능 플랫폼 왓슨^{Watson}을 개발하는 등 4차 산업 혁명 시대를 선도하는 기업 중 하나인 IBM은 최근 세계 61개 나라 700여 개 기업의 최고인사담당임원^{CHRO}들을 대상으로 미래 기업의 필수역량에 대해 조사했다. "향후 5년간 기업에 가장 중요한 조직 차원의 역량이 무엇이냐?"라는 질문에 '리더십'을 꼽은 사람이 37퍼센트로 가장 많았다. 그리고 '실행 속도'(34퍼센트), '고객과의 연계성'(33퍼센트), '혁신'(31퍼센트) 등의 답변이 뒤를 이었다.

이런 결과가 나온 이유는 리더가 비즈니스 성과에 제일 강한 영향을 미치기 때문이다. 리더는 조직에 비전과 방향을 제시하고, 구성원의 동기를 유발하고, 내부 갈등을 조율함으로써 목표에 다가갈 수 있도록 하는 사람이기 때문이다.

조직을 변화시키는 것 또한 리더에서 시작된다. 세계의 기업들이 글로벌 금융위기 이후 어려운 여건 속에서도 리더십 육성에 대한 투자만큼은 오히려 늘렸던 것도 그래서일 것이다. 상기 IBM 설문에서 선진국 응답자의 33퍼센트, 신흥시장 응답자의 43퍼센트가 리더십 육성에 대한 투자를 늘리고 있다고 답을 했으니 말이다.

리더가 조직에 끼치는 영향 ─────

2008년 1월 8일 세계적인 커피체인점을 운영하는 스타벅스의 주가는 하루 만에 10.8퍼센트가 뛰었다. 2000년 은퇴했던 창업주 하워드 슐츠가 경영에 복귀한다는 소식 때문이었다. 슐츠가 CEO에서 물러나 있는 동안 전문 경영인 체제하에서 외형은 커졌지만 고객과 직원의 만족은 오히려 낮아졌고 심지어는 2007년 〈컨슈머리포트〉 블라인드 테스트에서 맥도널드 커피보다 맛이 못하다는 평가를 받을 정도였다. 그러나 스타벅스는 새로운 리더의 복귀 이후 몇 년 만에 기업가치를 극적으로 향상시키게 된다(〈표 4-1〉).

경영자 한 명이 바뀌었다고 회사가 항상 이렇게 달라지는 것은 아니겠지만 리더들이 조직의 행동, 문화, 성과에 강한 영향을 미치는 이유는 인간 집단이 가진 본원적 속성에 기인한다는 점은 부정하기 어렵다. 개개의 인간은 나약한 존재지만 집단을 이룸으로써 다른 개체들을 능가하는 강한 생존 능력을 갖는 것이 인간의 특징이라는 것

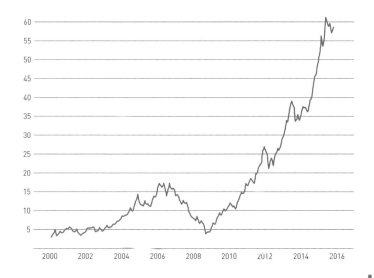

〈표 4-1〉
스타벅스 주가 2000~2016

이다. 이런 강력한 집단을 가능하게 하는 구심점이 리더다.

이런 현상은 다른 영장류 경우에도 공통적으로 나타난다. 과학자들의 연구에 따르면 영장류는 자기 자신보다 집단의 우두머리에게 훨씬 많은 주의를 기울이는 특성을 지닌다고 한다. 본능적으로 집단의 우두머리가 어떻게 생각하고 행동하는지에 대해 관심을 갖고, 거기에 따라 자신의 행동을 조절한다는 것이다.[39]

리더십이 사회과학 분야에서 가장 많은 연구가 이루어진 주제 중 하나가 된 것도 이런 배경 때문이다. 리더십이 학문적 가치뿐 아니라 현실적 실용성이 매우 높다는 점도 중요하다. 리더십에 대해 학문적 관심이 없는 사람이라도 조직에 몸담고 있는 직장인이라면 인사와 업무 등 대소사를 결정하는 리더의 존재로부터 자유로울 수 없다.

21세기 리더십은 어떠해야 하는가 ————

리더십은 인류의 발전과 함께 해왔다. 고전문학과 고대 역사를 보면 다양한 제왕, 군주, 영웅에 대한 이야기들이 있었다. 19세기 중반부터는 위대한 인물의 특성에 대한 연구가 시작되었다. 20세기 초부터는 심리측정 및 사회과학 방법을 적용한 현대적인 리더십 연구가 진행되었고, 기업의 대형화, 지식기반 사회, 글로벌 경제가 본격화되면서 리더십에 대한 연구는 폭발적으로 성장했다. 구글 검색창에 'leadership'을 입력해보니 0.54초 안에 7억1,200만 개의 검색 결과가 나올 정도다.

20세기에 고안된 다양한 리더십 모델들은 전략적 경영, 효율적 관리, 경쟁과 성과주의를 통해 생산성 증대와 품질 향상을 가져왔다. 그러나 이미 21세기에 접어든 지 20년을 바라보는 지금, 여태까지의 리더십 모델만으로는 지속적 성공을 기대하기 어렵게 되었다. 환경은 갈수록 불확실하고 불안정하게 바뀌어 가고 있고, 가치관은 다양해지고 있으며, 조직은 이전보다 훨씬 빠른 속도로 생각하고 움직일 것을 요구받고 있다. 빅데이터와 인공지능의 시대에 리더들이 챙겨야 할 인재와 문화의 속성 자체도 달라지고 있다. 21세기에는 21세기에 맞는 새로운 리더십이 필요하다.

새로운 리더의 필요성은 대한민국에 더 크게 다가온다. 우리는 19세기에서 20세기로 넘어가는 역사적 전환기에 세계사의 흐름을 제대로 타지 못해 수십 년 동안 지난한 세월을 경험했지만, 1970년대 이후 30~40년간 보기드문 압축 성장과 국제 무대 진출을 기적적으로 이뤄냈다.

이 성공은 서구 사회가 150년에 걸쳐 이룬 것을 초스피드로 따라잡은 추격 전략의 과실이었다. 자원이 부족한 상황에서 남들이 먼저 시도해서 검증된 비즈니스 모델을 가져다 더 싸게, 더 빨리, 더 열심히 만들면서 격차를 줄여나가는 것이었다. 이런 상황에서 우리 사회의 모범적 리더의 모습은 꼼꼼하게 챙기고 때로는 몰아붙이는 엄한 선배 또는 가부장의 이미지였다. 이 이미지는 베이비붐 세대의 은퇴와 함께 역사의 뒤안길로 사라질 차례다.

4장에서는 우리에게 4차 산업혁명 시대가 복음이 될 수 있도록 하기 위해 어떤 리더들이 필요한지 살펴보자. 또 리더들에게 필요한 소양은 무엇이고 행동 양식은 어때야 하는지, 리더들을 지금부터라도 어떻게 키워나가야 할지에 대한 내용을 고민해보자.

스스로
꿈꾸게 하라

2008년 9월 28일 스페이스X의 팰컨1호 로켓이 발사에 성공했다. 민간기업이 만든 액체추진 로켓이 세계 최초로 지구 궤도에 도달한 것이다. 2006년부터 세 번에 거친 실패 끝에 얻은 이 성공은 "인간이 화성에 살 수 있는 미래를 열겠다"라는 CEO 일론 머스크Elon Musk의 꿈을 믿고 따라온 스페이스X의 구성원들의 노력으로 가능했다.

인터넷 결제 솔루션 기업인 페이팔PayPal CEO였던 머스크는 우주산업 기업의 대표로서 가장 적합한 사람은 아니었을 것이다. 그러나 그에게는 누구도 쉽게 꾸지 못하는 꿈이 있었다. '과학의 힘으로 인류가 위기에 빠지지 않고 살아남을 수 있도록 한다'는 꿈 말이다. 그래서 자신의 전 재산이나 다름없던 페이팔 매각 대금의 상당액을 투자하여 2002년 스페이스X를 설립한 것이다.

〈사진 4-2〉 스페이스X의 팰컨1호 로켓 발사 장면

리더는 동기를 부여하는 사람이다 ──

조직이 꿈꾸게 하는 리더십은 4차 산업혁명 시대에 아주 큰 의미를 갖는다. 인공지능이 인간의 능력을 상당 부분 초월하는 미래에는 '기계한테는 없고 인간만 가진 강점'을 발굴해야 하는데, 그 중 가장 강력한 것이 인간은 꿈을 꿀 수 있다는 점이다. 꿈을 꾼다는 것은 아직은 불가능한 것을 현실로 만들기 위해 갈망하고 실천하는 것을 의미한다.

이 점은 인지심리학자들의 연구 결과와도 일맥상통한다. 지난 수십 년간 인간과 기계의 인지 방식의 공통점과 차이점을 연구한 결과, 기계는 의외로 매우 인간적인 부분까지도 해낼 수 있는 것으로 밝혀지고 있다. 특히 빅데이터와 강력한 컴퓨팅 파워는 기계의 능력을 극대화하고 있다. 그런데, 오직 인간만이 가진 한 가지 핵심적인 것을 알아냈는데, 그것이 바로 '욕구'였다.

생물학적으로 보면 욕구는 일종의 생명 유지 메커니즘이다. 오랜 진화의 과정을 거치며 형성된 생명 현상이다. 인간이 느끼고, 생각하고, 행동하는 것은 모두 어떤 욕구가 있기 때문에 가능한 것이다. 조직 내의 구성원들도 모두 어떤 욕구와 동기에 의해 움직이고 행동한다. 리더들의 가장 기본적인 역할은 바로 이런 욕구와 동기를 조직의 목표에 맞도록 발현시키는 일이다.

새로운 시도를 위한 직원들의 노력과 시도들은 팀 레벨에서 이루어진다. 회사가 아무리 크고 대단해도 성과를 위한 행동은 개인들이 팀 안에서 하는 것들이다. 그런데 팀원들의 행동은 팀 리더의 영향을 가장 크게 받는다.

욕구는 사람을 움직인다는 측면에서 일종의 에너지다. 그러나 그 에너지가 일정하지는 않다. 편의점에서 시급 6,000원 알바를 하는 순간의 욕구는 별것이 없다. 근무 시간이 빨리 끝나기를 바랄 뿐이다. 한 달 동안 심혈을 기울여 준비한 프로젝트의 결과물을 많은 사람들 앞에서 발표하는 상황에서는 강한 욕구가 있다. 자신의 능력과 노력을 참가자들이 두 눈으로 확인하고 인정하고 박수 쳐주기를 바란다.

인간은 사회적 동물이고 누구보다 우두머리에 신경을 쓰기 때문에 직장 상사는 구성원의 욕구, 즉 동기에 가장 강력한 영향력을 행사한다. 몇 가지 근거를 보자.

1. 미국 위치토주립대학교 제럴드 그레이엄 교수는 직장인 1,500명 대상으로 동기부여 요인을 조사했다. 가장 강력한 요인은 직장 상사가 개인적 공로에 대해 진심 어린 격려의 말을 해주는 것이었다.

2. 다른 연구결과에 의하면 CEO와 직속상사 중 어느 쪽으로부터 칭찬을 받고 싶으냐는 질문에 대해 직속상사를 택한 응답자가 57퍼센트, CEO를 택한 응답자는 21퍼센트였다.

3. 구글은 수백 개 팀에 대한 성과 분석 후, 고성과팀과 일반팀의 리더들 간의 차별화된 행동 특성 8개를 도출했는데(아래 항목 참고) 그중 6개가 직간접적으로 구성원 동기 부여와 관련한 것이었다.[40]

- 좋은 코치가 된다 ⇒ 학습 및 성장 욕구
- 직원에게 권한을 위양하고 시시콜콜 간섭하지 않는다 ⇒ 자기 선택의 욕구
- 직원의 성공과 복지에 관심을 가진다 ⇒ 성장 및 행복 욕구
- 매우 생산적이며 결과 지향적이다

- 소통을 잘한다. 즉, 정보를 청취하고 공유한다 ⇒ 자기 표현 욕구
- 직원이 경력 개발을 할 수 있도록 돕는다 ⇒ 성장 욕구
- 팀이 나아갈 방향에 대해 명확한 전망과 전략을 가진다 ⇒ 목적 달성 욕구
- 팀과 직원에게 조언할 수 있는 직무 스킬 및 능력을 갖추고 있다

그러나 직원들을 동기 부여하는 것은 쉬운 일이 아니다. 대부분 기업에서 리더들은 구성원의 동기를 높이기보다는 오히려 떨어뜨린다는 것이 이를 증명한다. 50개의 〈포춘〉 1,000대 기업에 근무하는 직원 120만 명을 대상으로 한 조사에 따르면 85퍼센트의 조직에서 직원 동기 수준이 입사 6개월 후에 급격히 떨어지는 것으로 나타났다.[41]

그리고 시간이 갈수록 직원들을 동기 부여하는 것은 더 어려워진다. 직원 개개인이 추구하는 가치가 갈수록 다양해지고, 조직에 대한 기대 수준 자체도 높아지기 때문이다.

그렇다면 미래의 리더들은 어떻게 직원들에게 동기 부여를 해야 할까? 당근이나 채찍의 효과는 오래 가지 못한다. 미래의 구성원들을 동기 부여를 하는 데 가장 좋은 것은 본원적인 욕구를 자극하여 '스스로 하고 싶게' 하는 것이다. 더 나은 미래에 대한 기대, 나보다 큰 세상에 공헌한 데 대한 자부심, 동료들과 나누는 신뢰와 동료애, 나의 능력을 십분 발휘한 데 대한 만족감 등 진짜 '인간적인' 부

분을 건드려줄 필요가 있다.

글로벌 회계법인 KPMG는 지난 2015년 구성원들의 업무 몰입도와 회사에 대한 소속감을 높이기 위한 전사적인 캠페인을 실시하고 그 성과를 측정하기 위해 직원 설문을 했다. 대부분 구성원은 캠페인으로 인해 회사, 동료, 일에 대한 자부심이 높아졌다고 응답했다. 그런데 부서 리더의 평소 행동에 따라 직원들의 긍정 응답이 달랐다는 점이 흥미롭다. 리더가 평소 직원들에게 회사의 목적(꿈)에 관한 이야기를 자주 했던 부서에서는 캠페인으로 인해 자부심이 높아졌다는 긍정 응답이 94퍼센트였는데 그렇지 않은 부서에서는 평균 66퍼센트에 불과했다는 것이다.

마지막으로 전 세계 180개 언어로 번역된 《어린 왕자》의 작가 생텍쥐페리가 남긴 말을 인용하면서 끝내자.

"배를 만들고 싶다면 사람들을 불러모으고 나무를 가져오게 하고 일을 나눠주는 등의 일을 하지 말라. 대신 그들에게 저 넓고 끝없는 바다에 대한 동경심을 키워주어라."

신뢰를 키우는
리더의 7가지 방법

고객 기업에 대한 컨설팅을 하다 보면 경영진과 실무진을 두루 인터뷰하게 된다. 그런데 조직 문제에 대한 원인을 어떻게 설명하는지 들어보면 그 회사의 내부 신뢰 수준을 파악할 수 있다.

원인에 대한 설명이 상하 간에, 부서 간에 일치하는 조직은 내부 신뢰 수준이 높다. 반대로 신뢰 수준이 낮은 조직은 원인에 대한 설명이 제각각이다. 예를 들어, 경영진은 '직원들이 능력도 떨어지고 일에 대한 열정도 부족해서 지시한 것도 제대로 해내지 못한다'라고 불평하고, 직원들은 '윗분들이 저희를 믿지 않으시고 기회 자체를 안 주시니 의욕이 나지 않아 아이디어가 있어도 말을 안 하게 된다'라고 하는 식이다. 이런 조직들은 예외 없이 낮은 몰입도, 높은 스트레스 지수, 부서 간 불통, 낮은 실적을 보인다.

4차 산업혁명의 미래로 가는 길에는 온갖 변화가 기다리고 있다. 이런 변화들은 선택의 문제가 아닌 경우가 많을 것이다. 그리고 조직 리더들은 변화를 함께 만들어가자고 구성원을 설득해야 하는 입장이다. 그러나 인간은 본능적으로 변화를 싫어한다. 불확실성을 수반하기 때문이다. 따라서 직원들이 변화에 동참하도록 하려면 변화의 결과가 긍정적일 것이라는 믿음을 주어야 한다. 책의 앞부분에서 4차 산업혁명 시대의 강한 조직문화는 투명성과 신뢰 위에 만들어야 한다고 했다. 조직 안에 신뢰를 구축하는 일처럼 리더의 역할이 결정적인 것도 없을 것이다.

직원에게 어떻게 신뢰감을 줄 것인가 ———

조직행동 분야에서는 직장 내 상사로부터 신뢰를 얻지 못하는 직원들의 행동을 '불신 기피 행동'이라고 한다. 연구에 따르면 윗사람이 자신을 믿어주지 않는다고 느낄 때 직원은 성과를 내려고 노력하지 않는다. '밑의 직원들을 좀 믿어주시죠'라고 조언해도 '믿을 만하게 행동을 해야 믿죠'라며 반문을 하는 리더도 많다. 진짜 직원의 잘못일 때도 있지만, 많은 경우 리더의 불신이 오히려 더 문제다. 연구자들은 부하에 대한 신뢰top-down trust는 무조건적일 때 비로소 효과가 있다고 하기 때문이다.

'네가 잘 하면 믿고 인정하겠다'는 식의 조건이 개입되면 사람들은 그것을 신뢰가 아니라 거래로 느낀다. 바로 여기에 문제가 있다. 양심이 있는 사람은 누구나 신뢰에 부응하지 못했을 때 도덕적 부담을 느낀다. 예를 들어, '팀장님이 나를 믿고 좋은 과제를 맡겨주셨는데, 힘들지만 어떻게든 해내야지. 실패하면 너무 죄송할 거야'라는 식으로 생각한다는 것이다.

반면, 상하 간에 신뢰가 없는 거래적 관계에서는 직원이 생각하는 방식이 완전히 다르다. 예를 들면, '어쩌지? 과제는 너무 어렵고 시간은 부족하고……. 못하면 또 지난번처럼 야단만 맞을 텐데. 에라 모르겠다. 올해 평가도 잘 받기는 글렀네!'라는 식이다. 마땅한 신임을 받지 못하는 직원은 실적을 내지 못해도 '대가만 치르면 그만'이라고 생각하는 것이다.

한편, 신뢰는 미시적 차원과 거시적 차원으로 나눠볼 수 있다. 거시적 신뢰는 '조직 신뢰institutional trust'라고도 하는데, 국가나 정부 또는 개인이 속한 조직 사회 전체에 대한 신뢰다. 한국의 경우는 이것이 매우 낮다('투명한 조직에 신뢰가 싹튼다' 부분 참조). 기업들은 전체 사회의 한 부분으로서 한국의 저신뢰 분위기의 영향을 받을 수밖에 없다.

따라서 미시적 신뢰, 즉 개인이 직접 관계를 맺는 다른 구성원, 특히 리더로 인한 신뢰의 중요성이 상대적으로 더욱 크다. 똑같은 수준의 성과와 변화를 만들어내기 위해서 한국의 리더들은 사회적 신뢰 수준이 높은 나라의 리더들보다 더 많은 노력과 진정성을 보여야 한다. 신뢰를 키우는 리더가 되지 않으면 안 되는 것이다.

과거 평생 고용 시대에는 뽑아준다는 것 자체가 나에 대한 신임이라고 믿을 수 있었다. 웬만하면 한 직장에서 은퇴 때까지 일할 것이고, 회사의 미래가 나의 미래라고 생각하는 사람이 많았다. 상사가 야단치고 욕을 좀 하더라도 '다 나 잘되라고 그러려니' 생각했다. 그러나 IMF 금융 위기와 신자유주의적인 변화를 20년 가까이 겪은 한국은 이미 그런 낭만적인 시대와는 이별을 고했다.

오늘날 직장인들은 기업이 개인에게 주는 것은 '평생 일터'가 아니라 그저 '고용 계약'일 뿐임을 본능적으로 안다. 4차 산업혁명은 그나마 고용 계약이 가지고 있던 안정성마저 위협할 것처럼 보인다. 리더와 동료의 '신임'은 오늘날 직장인들이 기댈 수 있는 마지막 보루다. 조직의 신뢰 분위기를 생각하는 리더가 부하 직원을 무조건 믿어야 하는 이유다.

신뢰를 쌓는 리더의 행동 7가지 ───

신뢰는 쌍방향적이다. 이것은 상식이다. 내가 상대를 신뢰하지 않으면 상대도 나를 신뢰하지 않는다. 내가 신뢰를 얻을 수 있게 행동을 할 때 상대도 내 기대에 관심을 기울인다. 따라서 조직 안에서 신뢰를 키우려는 리더는 먼저 부하 직원의 신뢰를 받을 수 있도록 노력해야 한다.

부하 직원의 신뢰를 받으려면 리더들은 어떤 행동에 유의해야 할까? 전문가 의견을 종합해보면 일곱 가지 행동이 특히 중요하다.

1. 솔선수범

다른 사람들에게 얘기하는 것과 본인이 실제로 행동하는 것이 같아야 한다는 것이다. 리더의 말과 행동이 다를 때 밑의 직원들은 진실성을 의심하는 것뿐 아니라 냉소적으로 될 수밖에 없다. 힘들고 귀찮고 위험한 일에 자신은 뒤로 물러나면서 부하들에게만 힘든 일을 강요하는 리더를 신뢰할 사람은 없다.

예를 들어 넷플릭스의 CEO 리드 헤이스팅스는 직원들에게 최고의 효율성과 높은 성과를 요구하는 만큼 자신도 시간과 장소를 가리지 않고 일한다. 2008년 전자 결재시스템을 도입한 후에 사장실을 없애고 대부분의 시간을 직원들이 있는 곳을 돌아다니며 필요한 결재는 노트북이나 핸드폰으로 처리한다.

2. 비밀 준수

상대가 나를 지켜주지 않을 것이라고 생각하면 사람들은 자신의 마음속 생각이나 비밀을 털어놓지 않는다. 조직 상하 간에 완전히 믿고 일하려면 서로 투명하게 정보를 공유해야 한다. 나의 비밀을 리더가 분별없이 누설한다면 직원은 큰 배신감을 느끼게 된다. 부하 직원에게 신뢰를 받는 상사들은 직원의 비밀 보호가 필요한 사항에 대해 얘기할 때는 반드시 다른 사람이 들을 수 없는 방에서 대화를 나누는 습관이 있으며, 사사로이 제3자에게 그 내용을 흘리지 않는다.

3. 약속 이행

상사가 어떤 약속을 해서 그것을 믿고 일을 했는데 결과가 안 좋았을 때 약속을 번복 또는 지키지 않는다면 신뢰가 깨진다. 그런 리더는 다음부터 약속을 해도 사람들이 믿지 않게 된다. 따라서 설사 약속을 지킴으로 당장 불이익이 있더라도 한번 한 약속은 지킬 필요가 있다. 리더가 약속을 지키지 않는 조직에서는 팀원들도 약속을 지키지 않게 되고, 그러다 보면 고객과의 약속도 지키지 못하게 되어 결국은 고객들이 떠나가는 결과를 낳게 된다.

4. 규범 준수

조직에는 '해야 할 것', '하지 말아야 할 것' 등 다양한 규칙과 규범이 있다. 리더가 먼저 이런 규범을 어기면 직원들은 혼란에 빠진다. 특히, 자신은 어기는 규범을 다른 사람들에게는 지키라고 하는 리더는 직원들이 신뢰할 가치를 못 느낀다. 행동규범을 명문화하여 홈페이지에 명시하거나 책자로 만들어 나눠주어 지키도록 하는 회사들도 많은데, 그렇게 하더라도 리더가 한 번, 두 번 지키지 않는 모습을 보면 좋은 규범도 결국 사문화되고 만다.

5. 공정성 유지

공정성에는 절차적 공정성과 결과적 공정성이 있고, 두 가지는 모두 중요하다. 그러나 때로는 결과적 공정성까지 지켜주기 어려울 때가 많다. 이럴 때는 최소한 절차적 공정성은 지키려고 노력해야 한다.

평가, 보상, 승진, 이동 등 사람에 대한 결정을 내릴 때는 그것이 객관적이고 여러 관점에서 공정한지 고민이 필요하다. 사람들은 불이익을 받았다는 사실 자체보다 '나만 불이익을 받는 것'을 억울해하기 때문이다. 그리고 공정성은 '무조건 똑같이 대하는 것'과는 다르다. 직원들은 '남보다 잘했는데 똑같이 대우하는 것'도 공정하지 않다고 생각하기 때문이다.

6. 진실된 소통

리더와 부하의 관계는 진실성에 기반할 때 신뢰를 높일 수 있다. 진실성은 리더가 자신의 의도나 생각을 감추거나 포장하지 않고 있는 그대로 전달하는 것을 전제로 한다. 상사가 소통에 있어 진실성이 없다고 생각하면 부하나 후배 직원들은 그의 말을 곧이곧대로 듣지 않게 된다. 여기에는 선의의 거짓말도 포함된다.

더 큰 문제는 자신의 잘못이나 실수에 대해 솔직하지 못한 경우다. 리더도 사람인지라 실수가 있을 수 있다. 특히 부하 직원에게 업무 지시를 잘못해서 나중에 번복해야 할 때 '내가 잘못 생각했다' 사과 한마디 없이 그냥 '다시 고쳐서 해와' 식으로 소통하는 경우가 문제다.

7. 작은 배려

리더와 직원의 관계는 거래적일 수도 있고 친밀할 수도 있다. 리더와 부하가 각자 자기 역할을 잘하고 그 외의 개인적인 부분은 관심을 두지 않는 것이 거래적인 관계다. 그런데, 이런 사이에는 아무래도 인간적인 신뢰가 생겨나기 어렵다. 차갑고 냉담한 사람에게 마음을 열고 싶은 사람은 없기 때문이다.

최근에는 '인간적 존중과 따뜻함을 바탕으로 한' 서번트 리더십이 중시되고 있다. 〈포춘〉 선정 '일하기 좋은 100대 기업' 가운데 약 3분의 1 이상이 서번트 리더십 개념을 바탕으로 관리자 교육을 한다고 한다. 거래적인 관계를 넘어 친밀함을 키우려면 일상적인 관계에서 작은 배려를 실천하는 것이 효과적이다.

깊고도 넓게 일하는 T자형 리더

4차 산업혁명 시대에 리더는 'T자형 리더'가 되어야 한다. 알파벳 'T'는 한 분야의 '전문성'을 의미하는 세로선과 여러 분야에 대한 '소양'을 의미하는 가로선으로 이루어져 있다. 즉, T자형 리더란 자기 주특기 분야에서는 최고의 전문성을 갖추고 있으면서도 다른 여러 분야에 대해서도 관심과 이해도, 네트워크 등을 확보하고 있는 사람을 말한다.

T자형 리더가 필요한 시대 ———

이런 사람이 왜 특히 지금 필요할까? 세 가지 이유가 있다.

첫째, 융복합적 아이디어를 창출하고 실천하는 리더가 될 수 있다

4차 산업혁명 시대에는 끊임없이 새로운 시도를 해야 하고, 새로운 시도는 기존의 혁신들을 접목하고 융합하는 과정에서 탄생한다고 했다. 그렇다면 우선 아이디어가 많아야 한다. 특히 이질적인 아이디어가 많아야 한다. 예를 들어, 엔지니어가 가지고 있는 제품 개발 아이디어나, 마케터가 가지고 소비자에 대한 아이디어가 많은 것이 중요한 것이 아니라 공학적 아이디어와 마케팅적 아이디어가 합쳐질 때 훨씬 혁신의 임팩트가 크다는 것이다.

의외의 혁신은 이질적인 것이 접목될 때 빛을 발한다. 애플의 전 CEO 스티브 잡스가 "최고의 아이디어들은 기술과 인문학의 교차점에서 떠오른다"고 했던 것이 바로 이런 의미다.[42] 사실, 그런 멋진 말은 누구나 할 수 있다. 잡스가 달랐던 것은 그것을 현실로 이루어냈다는 점이다. 그리고 그것이 가능했던 것은 잡스 스스로 기술, 디자인, 인문학, 팀 운영 등 다양한 측면에 소양을 갖추었기 때문이다. 리더가 그런 소양이 없고 오로지 한 가지 전문 분야밖에 모르는데, 조직 내 서로 다른 부서들이 알아서 융복합적 아이디어를 낸다는 것은 어려운 일이다.

둘째, 빠른 학습능력에 대한 롤모델이 될 수 있다

4차 산업혁명 시대 인재상 중 하나로 책 전반부에서 언급한 학습 민첩성은 T자형 리더가 되기 위한 필요조건이다. 한 분야에 최고의 전문성을 가지면서 다양한 분야에 대해서도 소양을 갖추려면 빠른 학습이 필수이기 때문이다.

T자형 리더들은 조직 내에서 두 가지 또는 그 이상의 역할을 수행하는 경우가 많다. 예를 들어, 사업조직의 수장 역할을 하면서 전사 혁신 TF의 챔피언으로서도 참여한다거나, IT 부서의 책임자로서 사내 지식네트워크의 리더 역할까지 겸하는 식이다. 조직의 리더들이 이런 식으로 모범을 보인다면 구성원들도 따라 할 가능성이 높다. 그러다 보면 조직 전반의 학습능력이 올라간다.

학습 효과 관점에서 보더라도 좁은 분야에 한정한 전문성 습득보다 관련된 다른 분야로 연계한 학습이 전문성을 좀 더 빠르게 높여준다는 연구가 나온 지 이미 오래다.[43] 미국 뉴욕대학교 스턴경영대학원 멜리사 쉴링Melissa A. Schilling 교수팀은 바둑을 활용해 다양한 학습 전략의 효과성을 측정하는 실험을 했다. 첫 번째 그룹에는 '한 우물 파기' 식으로 바둑 훈련만 시켰다. 두 번째 그룹에는 바둑 훈련과 전혀 무관한 다른 게임을 함께 시켰다. 세 번째 그룹에는 바둑 훈련과 연관성이 있는 보드게임을 함께 시켰다. 결과적으로 모든 그룹의 바둑 실력이 향상되었는데 첫 번째와 두 번째 그룹의 향상도는 비슷했고, 연관된 훈련을 병행한 세 번째 그룹의 바둑 실력이 제일 크게 향상되었다.

조직의 리더들도 자기가 맡은 한 가지 분야의 '통通'이 되는데 그치지 않고 인접 분야에 대한 소양과 경험을 쌓음으로써 더 뛰어난 리더가 될 수 있다. 특히 4차 산업혁명 시대에는 말이다.

셋째, 조직 내의 협업을 촉진한다

융복합, 초연결, 스피드를 특징으로 하는 4차 산업혁명 시대에는 조직 전체의 집단지성의 활용을 위해 부서 장벽을 뛰어넘는 협업이 필요하다. 그러나 이것이 수직적 문화와 높은 소통 비용의 문제를 갖는 위계조직에서는 어렵다는 점은 책의 앞부분에서도 이미 지적한 바 있다.

위계조직의 폐해를 극복하기 위한 일환으로 일부 대기업들은 '책임경영 체계'를 도입하기도 한다. 비대한 조직을 여러 개의 작은 사업 단위로 쪼개고 권한을 위임함으로써 실행력을 높인다는 아이디어다. 그러나 성과 압박이 심한 경우 각 사업조직은 자기 실적 챙기느라 다른 사업조직과 협업은 엄두도 내지 못한다.

이럴 때 협업의 문제를 조직으로만 풀려고 하기보다 리더를 통해 해결하는 것도 좋은 전략이다. 조직 내 협업 관련 분야의 전문가인 미국 버클리대학교 모튼 한센Morton Hansen 교수는 조직 내 협업 제고를 위해 '자기 조직 성과에 집중하면서도 다른 부서와의 협업도 잘하는 인재'를 육성할 것을 제안한 바 있다.[44] 특히 조직의 리더가 이런 인재라면 그 효과는 더 좋을 수밖에 없다. 그런 사람이 바로 T자형 리더다.

기업 내부의 기능과 사업이 세분화, 전문화될수록 T자형 리더들이 더 많이 필요해진다. 이들은 자기 주특기 분야 외 다른 부문의 이동 경험과 전사 태스크포스 등에 참가한 경험을 바탕으로 공식 또는 비공식 네트워크를 가지고 있기 때문에 조직과 조직을 연결하는 역할도 잘한다. 자신이 꼭 전문가는 아니더라도 전문가를 많이 알고 신뢰를 쌓아두었기 때문에 필요할 때 요긴한 도움을 받을 수도 있다.

T자형 리더를 키우는 법 ───

T자형 리더는 조직 내의 보석같은 존재다. 조직의 성공은 이런 리더를 얼마나 키우느냐에 달렸다고 해도 과언이 아니다. 문제는 '어떻게 이런 리더를 키울 것인가'다. 우선은 육성 중심의 성과관리 시스템과 잘 짜인 경력개발 체계가 필요하다.

육성 중심의 성과관리는 평가등급 결정에 급급하기보다는 인재의 강약점에 대한 피드백을 통해 자연스레 육성이 되도록 운영한다는 의미다. 조만간 조직의 리더 계층의 다수를 차지할 밀레니얼 세대의 직원들은 무엇보다 자신의 성장에 도움이 되는 피드백에 목말라하기 때문에 더욱 중요하다. 경력개발 관점에서는 우수한 인재가 너무 한 가지 업무에만 고착되거나 반대로 너무 잦은 직무 순환으로 이렇다 할 전문성이 없는 제너럴리스트가 되지 않도록 해야 한다.

한편 리더를 잘 키우는 글로벌 기업들은 핵심인재 풀에 속한 인재들에게 전략과제를 부여하여 검증하고 단련시키는 관행이 이미 오래전부터 정착되어 있다. 즉, 전략과제와 리더십 개발을 연계하는 것이다. 예를 들어 골드만삭스, P&G, IBM, GE와 같은 글로벌 기업들은 임원과 핵심인재들을 대상으로 신제품 출시, 인수합병, 시장 점유율, 경영 인프라 업그레이드 등 어느 한두 조직이 전적으로 책임질 수 없는 중요 대형 과제의 해결을 맡김으로써 T자형 리더로 성장하기 위한 재목들을 검증하고 단련하는 좋은 기회로 활용해 왔다. 리더들은 지금까지 경험해보지 못한 영역으로 자신의 능력의 한계를 확장함으로써 성장하고, 회사는 리너의 육성과 힘께 비즈니스 목적을 달성하는 일거양득의 효과를 거두는 것이다.

그러나 당장 단기적 효율만 생각해보면 그 일을 이미 해본 사람을 책임자나 프로젝트 매니저로 앉히게 된다. 이렇게 되면 기존의 역량만으로 문제를 해결하게 되고, 과제 수행을 통한 역량이 증대되지 않는다. 그러나 미래지향적으로 T자형 리더를 육성하려면 경험이 없더라도 잠재력이 있는 인재들에게 기회를 주어야 한다.

큰 그림과 디테일, 모순된 가치를 동시에 추구하다

비즈니스와 조직 이슈에 대응하는 리더들의 스타일은 크게 '큰그림' 형과 '디테일' 형으로 나눠볼 수 있다. 각 스타일의 긍정적인 측면만 본다면, 큰 그림을 잘 보는 리더는 실무자나 중간관리자들이 간과하기 쉬운 전략적인 이슈, 장기적 관점, 복합적 사고 등 측면에서 이슈를 짚어내는 것이 강점이다. 반면, 디테일에 강한 리더는 구체성이 떨어지거나 가정에 오류가 있는 계획을 세세하게 지적함으로써 실행력을 높일 수 있다.

주변의 리더들을 관찰해보면 각각 큰 그림에 강하거나 디테일에 강한 경우는 많지만, 디테일도 강하면서 큰 그림도 볼 수 있는 리더는 흔하지 않다. 이 두 가지 스타일은 언뜻 보기에 상반된 속성이기 때문이다.

모순된 가치를 동시에 추구하는 전천후 리더십 ———

 큰 그림과 디테일이라고 하는 상반된 강점을 모두 적절히 구사하는 리더가 없는 것은 아니다. 유명인 가운데 그런 사례를 찾는다면 대표적인 경우가 영국 프리미어리그 맨체스터유나이티드(맨유)의 전 감독 알렉스 퍼거슨 경$^{Sir Alex Ferguson}$이다. 퍼거슨 감독은 2013년 은퇴할 때까지 맨유 사령탑으로서 26번의 시즌을 이끌며 잉글리시 리그 우승 13번, 다른 리그 우승 25번 등 타의 추종을 불허하는 성적을 남겼다.

 다른 축구계 리더들과 구별되는 것은 그가 매 경기를 승리로 이끄는 전술적 디테일에서도 강했을 뿐 아니라 장기적, 지속적 리그 운영을 위한 후보군 육성, 브랜드 관리, 구단 협상까지도 큰 그림을 가지고 관리했다는 점이다. 이것이 어려운 이유는, 경쟁이 치열한 프리미어 리그에서 감독들은 살아남기 위해서 당장 눈앞의 게임에서 이겨야 하고, 그러기 위해서는 검증된 스타 플레이어를 스카우트해야 하는데, 이런 선수들은 감독 말을 잘 듣지 않기 때문에 자기 철학대로 팀을 이끌 수 없기 때문이다.

 이런 상황 속에서도 퍼거슨 경은 경기도 이기고 자신이 원하는 팀을 만드는 데도 성공했다. '애플에는 잡스, 맨유에는 퍼거슨'이라는 평가도 그래서 나온 것이다. 하버드경영대학원은 2012년 퍼거슨 감독의 리더십을 다룬 케이스 스터디를 쓰기도 했다.[45]

비즈니스 분야에서 큰 그림과 디테일을 모두 보는 리더의 대표적 사례 중 하나는 아마존 CEO 제프 베조스다. 투자은행에서 고액의 연봉을 받던 그는 나름의 비전을 가지고 전자상거래 분야에 뛰어들었다. 책에서 시작해서 온갖 상품으로 영역을 확대했고 웹서비스에서 인공지능까지 사업을 키워왔다. 한 분야에서 핵심역량, 브랜드, 시장점유율을 확보하면 인접 분야로 확대하는 방식은 큰 그림을 보는 베조스의 탁견을 보여준다.

그러나 그 과정에서 베조스는 디테일에도 천착했다. 사용자 입장에서 필요한 것이 무엇인지 집요하게 생각함으로써 '추천하기', '판매랭킹', '원클릭 주문' 같은 기능을 도입했다. 아마존에서는 모든 제안이나 보고를 파워포인트가 아닌 워드 문서 형태로 준비하여 함께 읽고 토론한다고 알려져 있는데, 이렇게 함으로써 아주 세세한 부분의 이슈까지 깊이 생각하는 습관을 조직문화에 내재화시켰다.

챙기지 않는 것은 권한 위임이 아니다 ───

리더 입장에서 큰 그림과 디테일 중에 더 어려운 것은 사실 디테일 쪽이다. 디테일을 챙기는 일이 아무래도 신경 쓸 일도 더 많기 때문이다. 또 리더 자리에 오르고 나면 '내가 일일이 챙길 거면 실무자는 뭐하러 있는 거지?'라는 생각을 할 수도 있다. 그러나 리더가 중요한 디테일을 안 챙기면 중간관리자와 실무자도 소홀해지고 제품이나 서비스 하자가 여과 없이 고객까지 전달될 수도 있다.

풍요의 시대가 될수록 고객은 인내심이 없어지기 때문에 디테일에서의 실패는 고객 상실로 이어진다. 중요한 디테일을 챙기지 못해서 비즈니스뿐 아니라 리더 본인에게도 큰 좌절을 안겨준 사례를 보자.

국내 유수 대기업 CEO에게 직접 들은 얘기다. 이분은 경력직으로 입사하여 오로지 실력과 성과로만 대기업 주요 계열사 수장 자리까지 올라갔다. 리더로서의 위치가 점점 올라가면서 사업 확장과 조직관리 등을 두루 경험하고 큰 그림을 보는 능력도 인정을 받았다. 그의 리더십 하에서 국내 시장 1위를 달성하자 그룹에서는 당연히 글로벌 사업에 대한 기대를 내비쳤다.

그러나 정부 보호 산업 특성상 해외 시장 뚫기가 쉽지 않은 분야였다. 리더 본인도 잘 알지 못하는 선진국 시장이기 때문에 이 일을 가장 잘 해낼 수 있다고 판단되는 베테랑급을 영입하여 전권을 부여하고 성과가 나기를 기다렸다. 그러나 결과적으로는 수년간 천문학적인 투자금만 날리고 사업을 철수하는 상황이 되었다. '중요한 것은 반드시 직접 챙겨야 한다'라는 교훈을 얻는 대가로는 너무 큰 손실이었다.

한편, 디테일을 챙기는 리더의 능력은 수평적인 조직문화를 위해서도 필요하다. 현재 대기업 계열사는 사원에서 CEO까지 5~6단계의 보고 체계가 일반적이다. 사원이 기획한 사안이 CEO 승인을 받으려면 적어도 10번 정도는 품의서를 고쳐 쓰게 된다. 위계를 줄이면 좋다는 것을 알지만 한 단계 줄이는 것도 쉽지가 않다. 주된 이유 중 하나가, 리더가 디테일을 모르면 실무자 보고를 이해하지 못하므로 이를 대신 챙기고 걸러줄 스탭 인력과 중간관리자들이 많이 필요하기 때문이다. 바꿔 말하면, 리더가 디테일을 직접 챙기면 많은 수의 중간관리자들이 불필요해지고 자연히 조직이 수평에 가까워진다는 얘기다.

디테일에 강하다는 것이 모든 사안에 일일히 개입하라는 말은 절대 아니다. 매사에 너무 미세하게 챙기는 것은 직원의 의욕을 떨어뜨린다. 아이디어도 내고 열심히 준비해서 제안을 했는데 상사가 아주 사소한 것 하나까지 지적을 하면 김이 새는 것이다. '상사가 나를 믿지 못한다'고 생각할 가능성도 있다.

반대로, 직원들을 의존적으로 만들 가능성도 높다. '내가 대충 해도 어차피 다 고쳐주시겠지' 하는 생각으로 최선을 다하지 않을 수도 있다는 말이다. 이렇게 되면 리더가 직원의 일을 대신하는 셈이 되어 직원의 성장도 그르치고 자기 일도 제대로 못 하게 되는 것이다.

따라서 디테일을 정확하게 알고 있으면서도 실행에 대해서는 직원에게 믿고 맡길 필요가 있다. 알면서도 한 걸음 물러서 있는 것이야말로 진정한 리더의 행동이다.

복잡한 일을 단순하게 만드는 역량이 필수

조직은 제한된 사람과 자원을 가지고 운영이 된다. 변화와 혁신을 위해 다양한 시도를 하려면 일은 끝없이 늘어난다. 자원은 그대로인데 일만 늘어나면 조직이 견디지 못하거나 우선순위가 왜곡될 수밖에 없다.

하던 일을 멈추고 한번 생각해보자. 해가 지나면서 일이 점차 줄어든다고 생각이 들었던 적이 있는가? 아마 없을 것이다. 일은 늘면 늘지, 주는 법이 없다. 그냥 주관적인 느낌이 아니다.

보스턴컨설팅그룹이 2011년 유럽과 미국의 100개 기업을 대상으로 조사한 결과가 있다. 1955년과 비교해 2011년 CEO들의 핵심 성과지표 개수가 평균적으로 6배 많아졌다. 평균 4~7개 정도였던 것이 56년 만에 25~40개 수준으로 늘어난 것이다. CEO 업무 목표가 늘면 결국 직원들이 그 일을 하게 되니 복잡성이 조직 아래로 전가되는 것이다. 그뿐이 아니다. 조직 구조, 업무 절차, 사내 협업, 내부 위원회, 비용 전결 등과 관련한 규정은 15년 사이 기업별로 50퍼센트에서 350퍼센트까지 늘었다. 기업 경영의 복잡도는 최근 연평균 6.7퍼센트씩 커지고 있는 것으로 분석된 바 있다.

복잡성은 직원의 정신을 소모하고 조직의 실행 속도를 떨어뜨리기 때문에 이를 낮추지 못하면 진짜 중요한 곳에 에너지를 쏟기 어려워진다. 리더들이 일부러 상황을 더 복잡하게 하려고 하지 않아도 조직 자체에서 구성원들이 느끼는 업무의 복잡도는 높아지게 되어 있다. 따라서 조직 내에 만성화된 관행, 제도, 프로세스 등을 없애거나 단순화해서 여유를 확보하는 것이 우선되어야 한다.

복잡한 일은 반드시 단순하게 만들어야 한다 ───

최근 언론 보도를 보면 세계적인 대기업들이 품질, 안전 등의 문제로 제품을 리콜하고 대외적으로 사과하는 등의 일이 잦다. 2009년 토요타는 차량 급발진 문제로 리콜 사태를 겪고 회사가 휘청거렸다. 멕시코만에 기름 유출 사고를 낸 영국계 오일업체 BP는 수십조 원의 배상 책임을 떠안았다. 옥시레킷벵키저(RB코리아)는 한국에서 독성 가습기 살균제를 판매하여 수많은 무고한 생명을 앗아간 죄로 커다란 홍역을 치렀다. 사실 이런 기업들은 사고가 터지기 전만 해도 세계 최고의 기업으로 존경받던 회사들이었고, 자기 분야에서 수위를 다투는 경쟁력 있는 기업들이었다.

그렇다면 이런 사고들은 왜 일어나는 것일까? 직접적인 원인은 대개 기술적인 문제로 알려진다. 그러나 그 이면을 파고들어가 보면 조직이 감당하기 어려운 수준의 복잡성이 중요 원인 중 하나로 지적된다.

따라서 조직의 리더는 어떻게든 조직 안의 복잡도를 줄여서 단순하게 만들 생각을 해야 한다. 그리고 일을 단순하게 만드는 것은 리더의 결단을 반드시 필요로 한다. 왜냐하면 직원들은 제품, 서비스, 패키지, 옵션 수를 줄이면 혹시나 매출에 영향이 있을까 걱정이 앞서 그런 결정을 내리기 어렵기 때문이다. 그런 면에서 모범을 보여주는 사례가 애플 전 CEO 스티브 잡스다.

지난 1997년, 12년간 애플을 떠나 있던 잡스가 CEO로 복귀했을 때의 일이다. 애플은 다른 여느 컴퓨터 회사와 마찬가지로 많은 수의 제품 라인업을 보유하고 있었다. 주력 제품인 매킨토시 버전만도 수십 개였다.

잡스는 복귀 후 첫 몇 주 동안 연이은 제품별 현황 브리핑을 받고 있었다. 설명을 듣던 잡스는 "이제, 그만!" 하고 외치며 벌떡 일어났다. 그러고는 뚜벅뚜벅 걸어가서 화이트보드에 2×2 매트릭스를 그리고는 가로축에는 '소비자consumer'와 '전문가pro', 세로축에는

'데스크톱desktop'과 '휴대용portable'이라고 썼다. 그리고 회의에 참석한 관리자들을 노려보며 얘기했다.

"앞으로 우리는 4개의 박스별로 최고의 제품을 딱 하나씩만 만들 겁니다."

방 안은 정적에 휩싸였다. 그것은 기존 제품의 90퍼센트 이상을 단종시킨다는 의미였기 때문이다. 그러나 잡스의 이런 '미친' 결정은 침몰하고 있던 애플을 살리고 나아가 세계 최고의 기업으로 재기하도록 한 결정적 한 수였다.

스티브 잡스는 항상 "무엇을 하지 않을지를 결정하는 것이 무엇을 할 것인지 결정하는 것만큼 중요하다"라는 말을 입버릇처럼 얘기하곤 했다. 그래서 애플 사옥 건물 중 한 곳에는 파란색 벽에 은색으로 'Simplify, Simplify, Simplify'라는 메시지가 쓰여 있었을 정도다.[46]

잡스에게 단순화의 의미는 복잡한 것을 그냥 무시한다는 뜻이 아니라, 복잡함을 진정으로 극복하고 뛰어넘음으로써 단순함을 이룬다는 의미다. 잡스는 흔히 '21세기의 다빈치'라고 불리기도 했는데, 르네상스 시대의 천재 레오나르도 다빈치 역시 일찍이 단순함의 가치와 중요성을 강조한 바 있다. "단순함이야말로 궁극의 정교함"이라는 그의 명언이 지금까지 전해진다.

GE 최고학습담당임원이자 크로톤빌 연수원 원장 라구 크리슈

나무르티 부사장 역시 "직위가 높은 리더일수록 복잡한 이 세계에 대해 단순화하는 역량이 매우 중요하다"라고 강조했다.

이 정도면 단순화의 필요성에 대해서는 어렵지 않게 동의를 할 것 같다. 그러나 문제는 어떻게 단순하게 만들 것이냐 하는 방법론이다. 리더들이 현장의 업무 복잡도를 이해하지 못하는 경우가 많은데, 그 이유는 복잡함이라는 것이 실무적인 디테일 안에 숨어 있어서 리더들의 눈에 잘 띄지 않기 때문이다.

단순화를 위한 리더의 과제

1. 복잡도 파악

업무, 절차, 사업을 단순화하기 위해서 리더가 첫 번째로 해야 할 것은 숨어 있는 복잡도를 드러내는 것이다. 한 소프트웨어 기업의 사례가 이를 잘 보여준다.

라우터, 이더넷 스위치 등 첨단 인터넷 장비를 제조하는 업체인 미국의 주니퍼 네트웍스Juniper Networks 인사부는 외부 컨설턴트와 함께 조직진단을 하면서 한 주요 고객사와 직간접적으로 업무에 개입되어 있는 직원의 수를 파악한 일이 있다.

직원 인터뷰 결과 344명이 업무에 관련되어 있다는 보고를 받은 임원은 "고객사 하나에 직원 344명이 매달려 있다니, 말도 안 돼!"라고 생각했다. 이 임원은 '대충 인터뷰만 하지 말고 정확한 업무 내용을 파악해서 인원수를 다시 보고하라'라고 지시했다. 그런데 분석 결과, 정확하게 920명의 직원이 직간접적으로 연결되어 있다는 것이 밝혀졌다. 전 직원의 10퍼센트에 달하는 숫자였다. 이 발견은 결국 조직과 일하는 방식을 새롭게 정의하는 중요 프로젝트로 이어졌다.

2. 복잡성 낮추기

리더가 두 번째로 해야 할 것은 '더하기'보다 '빼기'를 통해 복잡성을 낮추는 것이다. 일반적으로 경험치와 통찰력이 부족한 사람은 어떤 문제가 있을 때 '뭘 더 해야 하나'를 고민한다. 예를 들어 프로젝트에서 해볼 수 있는 시도를 다 했는데도 만족스러운 결과가 나오지 않을 때, 계속 다른 시도를 해야 한다고 생각하는 식이다. 일이 안 되면 역량이 부족해서라고 생각하면서 인원을 추가 투입하기도 한다. 그러나 이렇게 계속 '더하기' 식으로 접근하는 것은 문제를 오히려 더 복잡하게 만들고 해결로부터 더 요원해지는 경우가 많다. 조직 내·외부 사정과 경영 전반을 꿰뚫고 있는 사람은 '뭘 하지 말아야 하나'를 더 고민한다.

이런 관점에서 자주 인용되는 표현이 '적은 것이 더 많은 것Less

is more'이라는 말이다. 의역하면 '간결하고 단순하고 모자란 것이 더 훌륭하다'는 뜻이다. 이 표현은 모던 디자인의 거장 루트비히 미스 반 데어 로에^{Ludwig Mies van der Rohe}에게 비롯되었다. 미스 반 데어 로에는 1920년대 초 세계 최초로 유리로 된 마천루 건물을 설계한 건축 설계사로, 그가 설계한 뉴욕의 시그램 빌딩^{Seagram Building}은 지어진 지 거의 60년이 지난 지금도 기념비적인 건축물로 남아 있다. 이 빌딩은 기존 뉴욕 건물과 다르게 출입구 전면에 너른 광장을 두었는데 이 빈 공간이 건물의 웅장함을 오히려 강조하게 되었다고 한다.

그렇다면 어느 정도 빼는 것이 맞을까? 사실 여기에는 답이 없다. 일반적으로 실무 직원에게 '빼기'를 해보라고 하면 거의 뺄 것이 없다고 한다. 어떤 프로세스나 업무도 이유가 없이 생긴 것은 없기 때문이다. 관리자들은 조금 낫지만, 잘 해야 10~20퍼센트 정도를 뺄 수 있다고 한다. 그러나 임원이나 외부인의 관점으로 접근을 하면 뺄 수 있는 것이 상당히 많다.

이를 잘 보여주는 것이 미국 해군 사례다. 수천 명의 군인과 기술자들이 함께 일하는 초대형 전함을 운영하는 일은 생각하기에도 복잡한 일이다. 운영의 안정성과 효율성을 높이기 위해 해군은 '19살짜리 신병이 들어와도 금방 시스템을 이해할 수 있을 정도로 프로세스를 단순화한다'라는 목표로 전문 컨설팅 기업과 함께 프로젝트를 진행했고 상당한 진척을 보았다. 일례로, 무려 300여 개에 달했던 위험감지시스템 장비를 40여 개로 줄였다고 한다. 이것은 좀 극단적이긴 하지만, 복잡함을 제대로 줄이기 위해서는 경영자가 먼저 목표 수준을 높게 제시할 필요가 있다는 점을 잘 보여주는 사례다.

3. 협업

리더가 세 번째로 해야 할 것은 협업하도록 만드는 것이다. 사실, 복잡성은 어떤 한 부서 안에 있는 경우가 별로 없다. 대개는 담당자와 담당자 사이, 부서와 부서 사이에서 커뮤니케이션이 필요한 경우 복잡성이 존재한다. 조직의 외연이 커질수록 이런 현상은 두드러진다. 커뮤니케이션을 유기적으로 잘해야 하는데 그게 안 될 때 문제가 생기고 힘들어지는 것이다.

문제가 생기면 해당 업무에 대한 권한과 지식을 가진 사람들이 직접 모여 대화로 해결하는 것이 최선이지만, 조직 안에서는 복잡한 보고체계나 이해충돌 등으로 인해 잘 되지 않는 경우가 많다. 이럴 때 리더들이 나서서 교통정리를 해주지 않으면 안 된다.

그러나 역설적으로 협업은 그 자체로 복잡성을 증대시킬 수도 있다는 점도 이해해야 한다. 예를 들어, 어떤 기술적인 문제가 생겼을 때 두 부서의 담당자가 모여서 얘기하면 될 일을, 서너 개 부서를 불러모아서 회의를 하면 논의가 산으로 가는 경우가 적지 않다. 내용을 잘 모르는 사람들이 끼어들면 그들을 이해시키는 데 한참 시간이 걸리고, 상황에 맞지 않는 발언으로 불필요한 오해가 많아진다.

따라서 복잡성을 해결하기 위한 협업은 우선 정확한 역할 배분을 전제로 해야 한다. 업무의 복잡성은 부서나 팀에서 누가 어떤 일을 해야 할지에 대한 역할 분담이 명확하지 않아서 생기기도 하기 때문이다. 단순함을 극단적일 정도로 중시하는 애플의 문화에서는 어떤 기술, 프로세스, 기능에 대해서도 DRI^{directly responsible individual}라고 하는 담당자가 반드시 한 명 있다. '직접 책임을 지는 사람'이라는 의미다. 명확한 책임자가 있다는 전제하에서 협업을 해야 문제가 해결되고 복잡성이 줄어든다.

리더를 키우는 리더가
진짜 리더다

효과적인 리더는 '직접 일을 하는 사람'이라기보다는 '다른 사람들이 일을 잘 할 수 있도록 하는 사람'이다. 따라서 리더는 기본적으로 최대한 많은 업무를 잘 위임해야 한다. 그러나 리더가 절대로 위임할 수 없는 일을 하나 꼽는다면 바로 다른 리더를 키우는 일이다. 4차 산업혁명 시대의 빠른 변화 속에서 기업의 영속성을 유지하는 가장 강력한 수단은 조직문화 DNA를 내재화한 우수한 리더를 계속 키워내는 일이기 때문이다. 이것만 잘 되면 비즈니스의 50퍼센트는 성공한 것이나 다름이 없다.

리더를 키우는 것이 중요하다는 말은 누구라도 한다. 그러나 리더를 잘 키운다고 자부하는 기업들이 많지는 않은 것이 현실이다. 한 컨설팅 회사가 글로벌 기업의 고위 임원 1,000여 명을 대상으로 실시한 조사에 따르면 58퍼센트가 '향후 사업 확장의 최대 걸림돌이 될 요인'으로 리더급 인재 부족을 꼽았다.

글로벌 컨설팅 기업 타워스왓슨과 경제전문 연구기관 옥스퍼드 이코노믹스Oxford Economics가 공동으로 발표한 〈글로벌 인재 2021Global Talent 2021〉 보고서에 따르면 한국은 인재 부족 국가로 2021년에는 필요 인력 규모 대비 약 9.3퍼센트 정도가 부족하게 되어 다른 나라들과 인재 확보 경쟁을 벌이지 않으면 안 된다는 예측을 했다. 그나마 인재의 '총량' 차원의 부족에 대해서는 기업들이 위기의식을 가지고 신입 채용 등 노력을 기울이고 있지만, 리더급 인재 육성에 대한 노력은 그에 미치지 못하는 경우가 많다.

누가, 어떻게 리더를 키우는가 ———

리더를 키우는 것이 왜 이렇게 어려운 것일까? 여기에는 숨은 이유가 있다. 리더는 결국 리더가 키우는 것인데, 기존의 리더가 새로운 리더를 키우는 데 적극적이지 않다. 밑의 사람을 잘 키우면 자신의 경쟁자가 될 수 있다는 점이 첫번째 이유다. 또 다른 이유는 리더들의 업무 우선순위와 관련이 있다.

사람을 키우는 것은 중요하지만 시간이 오래 걸린다. 그런데 내년에 자기 자리가 어떻게 될지 모르는 월급쟁이 관리자와 경영자들은 1년 이상 걸려야 결과를 확인할 수 있는 일에 시간을 투자하기 어렵다. 매출, 수익, 비용 절감, 프로젝트 성공 등 핵심성과지표는 올해 실적으로 잡혀서 보너스, 승진 등에 반영되지만 몇 년 동안 심혈을 기울여 인재를 키웠다고 '잘했다' 칭찬하는 기업은 별로 없기 때문이다.

리더를 잘 키우는 회사와 못 키우는 회사의 차이 ─────

그렇다면 리더를 잘 키우는 리더는 어떤 사람들인가? 이에 대한 답을 줄 수 있는 세계 최고의 권위자는 미국의 명문 다트머스대학교 터크경영대학원 시드니 핑켈스타인Sydney Finkelstein 교수다. 최근 2회 연속으로 〈씽커스 50〉[47] 명단에 등재된 그는 10여 년간 각계각층의 리더 수백 명의 성공 요인을 연구했다. 이 과정에서 그는 흥미로운 사실을 알게 되었다.

분야와 업종을 막론하고 성공적인 리더들의 약 30퍼센트 정도는 모두 한 명의 상사 밑에서 일한 경험이 있다는 점을 발견한 것이다. 의외의 발견에 핑켈스타인 교수는 많은 리더를 배출한 최고의 리더들에 대한 집중적 연구를 바탕으로 《슈퍼보스》라는 책을 출간, 베스트셀러가 되었다. 핑켈스타인 교수가 발견한 슈퍼보스들의 공통점은 아래와 같다.

- 본인 스스로도 성공한 리더이고, 밑의 사람들을 다수 리더로 키워냈다.
- 사람의 잠재력을 꿰뚫어 보는 능력이 있고 학력·경력에 관계없이 인재를 발탁했다.
- 경쟁심, 자신감, 도전의식이 높고 끊임없는 혁신을 추구했다.
- 자신과 타인에 대해 매우 높은 기대 수준을 가지고 있다.
- 제도에 사람을 끼워맞추기보다는 인재에 조직을 맞추는 유연함이 있다.
- 위계 질서보다는 수평적이고 개방적인 분위기를 선호한다.

핑켈스타인 교수는 분야별로 슈퍼보스의 예를 들었다. IT 분야는 인텔Intel 공동 창업자 로버트 노이스Robert Noyce와 시스템 소프트웨어 기업 오라클Oracle 창업자 래리 엘리슨Larry Ellison, 스포츠 분야에서는 미국 내셔널풋볼리그NFL의 전설적인 빌 월시Bill Walsh 감독, 엔터테인먼트 분야에서는 〈스타워즈〉 시리즈를 만들어낸 영화감독 조지 루카스George Lucas, 패션 분야에서는 폴로Polo 브랜드 창시자인 랄프 로렌Ralph Lauren, 여성으로는 페이스북 COO 셰릴 샌드버그Sheryl Sandberg, 스타트업 기업에서는 테슬라Tesla 창업주이자 CEO인 일론 머스크 등의 예를 들고 있다.

그렇다면 이런 슈퍼보스들은 어떻게 했길래 그렇게 많은 리더들을 성공적으로 키워냈을까? 핑켈스타인 교수는 많은 인터뷰 및 자료 조사를 통해 가장 중요한 성공 요인은 슈퍼보스들이 후배들에게 새로운 도전 기회를 주기적으로 제공했다는 것임을 밝혔다. 그리고 목표 달성을 위해 다른 사람들과 협력과 경쟁을 할 수 있도록 업무를 편성해주었다. 자신의 성공담이나 실패담을 종종 공유하면서 조직의 비전과 부하에 대한 기대치도 구체적으로 설명하는 것도 잊지 않는다. 한편, 업무 추진 과정에 이슈가 있는지 정기적으로 확인하고, 부하 직원의 성향에 맞도록 코칭 방식도 적절히 변화를 시도한다. 사실, 이런 것이 중요하다는 것을 모르는 리더는 없을 것이다. 결국 리더를 잘 키우는 것은 방법의 문제라기보다는 실천의 문제다.

승계 계획은 리더 육성의 핵심이다 ──

지난 16년간 글로벌 블루칩 기업의 대명사인 GE의 수장으로 일해온 제프리 이멜트 회장이 2017년 8월 1일부로 CEO직에서 물러났다. 그의 퇴임과 동시에 후임자로 존 플래너리^{John Flannery} 헬스케어 부문 대표의 인선도 발표되었다. 이멜트 회장은 전설적인 경영자 잭 웰치의 뒤를 이어 2001년 CEO로 임명되는 순간부터 자신의 후계자 승계 프로그램을 시작했다. 본격적인 후계자 선정 기간만 6년이 소요된 것으로 알려졌다. 이런 과정은 전임 웰치 회장의 경우도 마찬가지였다.

GE의 사례에서 보듯이 승계 계획은 '리더 육성 절차의 꽃'이라고 할 수 있다. 수년에 걸쳐 씨를 뿌리고 물과 거름을 주며 키운 인재가 적재적소에서 리더로 임무를 부여받아 조직을 위해 공헌하도록 하는 것이 리더 육성의 궁극적 목적이기 때문이다.

승계 계획을 수립할 때 가장 신경써야 할 것은 포지션 중심성을 잃지 않는 것이다. 승계 계획의 개념은 원래 포지션에 사람을 꽂아 넣는 것이다. 포지션에 대한 고려가 우선이다. 전략이 포지션을 결정하고, 포지션에서 필요한 역량이 결정되고, 그런 역량을 가장 잘 갖춘 사람을 승계 후보로 한다는 것이다.

이렇게 하지 않으면 대개 '사람' 위주로 후계자가 결정된다. 현재 그 임원 포지션을 맡고 있는 사람과 가장 비슷한 사람을 후보로 찾게 된다. 그러다 보니 이변이 없는 한 현재 재직 임원의 직속 부하 중에서 후임자가 나온다. 이렇게 할 거면 굳이 전사 차원의 승계 계획을 수립하는 의미가 없다. 그래서 선진기업들은 승계 후보를 고려할 때 '현재 이 포지션이 공석이고 후보자 중에 새롭게 뽑아서 그 자리에 앉힌다면 누가 가장 적합한가'라는 관점에서 승계 후보에 대한 고민을 한다.

실제로 2010년 미국 스탠퍼드대학교 기업지배구조센터가 세계

140개 글로벌 기업을 대상으로 CEO 승계계획 운영방식을 조사한 결과, 차기 CEO 역할 및 요건을 현임 CEO와 다르게 정의하는 기업 비중이 70퍼센트였다. 이것은 현임 CEO가 지금까지 성공적으로 경영을 해왔더라도 향후 경영환경과 전략목표 등이 변화함에 따라 CEO에게 요구되는 역량, 스타일, 경험 등이 다를 수 있음을 보여주는 것이다. 4차 산업혁명 시대에는 더욱 그럴 가능성이 높다.

또 한 가지 중요한 포인트는 승계관리 절차가 집단적으로 이루어져야 한다는 점이다. 다양한 사업을 수행하고 복잡한 기능을 모두 갖춘 대규모 조직에서는 경영자가 다양한 승계 후보자들을 일일이 알 수가 없기 때문에 다른 리더들의 도움을 받지 않고 정확한 판단을 내리는 것은 불가능하다.[48] 따라서 승계 후보를 찾고 육성하는 과정 자체를 공동의 책임으로 하는 것이 필요하다.

이를 위해 필수적인 프로그램 중 하나가 인재 리뷰다.[49] 인재 리뷰는 조직 내부 인재에 대해 누적된 업적 고과, 역량 평가, 360도 피드백 등 다양한 근거자료를 바탕으로 상위 평가자들이 모여 논의를 하는 자리다. 보통 관리자급 이상 모든 인재를 대상으로 부서, 국가, 지역, 글로벌 등 여러 단계로 리뷰 세션이 연간 단위로 이루어진다. 리더들은 자기 부서뿐 아니라 회사 전체의 우수 인재에 대해 의견을 교환한다. 근거자료 상의 사실을 확인하여 평가하는 데 그치지 않고 이직 위험, 이동/승진, 육성 계획, 승계 계획까지 폭넓고 구체적으로 논의한다. 세션 후에는 피드백, 육성 계획 수립, 코칭, 모니터링 절차가 뒤따른다. HRD 부서는 전반적 방향을 제시하고 절차를 조율하지만, 인재 육성의 성공에 대한 책임은 각 부서별, 지역별 리더들에게 있다.

이제 한국 대기업들도 이제 리더 육성에 필요한 제도적 인프라는 어느 정도 갖추었다. 웬만한 그룹사는 자체 리더십 모델을 개발했고, 360도 진단도 하고, 리더십 교육도 열심히 한다. 문제는 리더를 키우는 일이 인력개발 부서에 상당 부분 위임되어 있다는 것이다.

세계적인 기업 CEO들이 '시간의 50퍼센트 정도를 인재를 육성하는 데 쓴다'는 얘기를 종종 듣는다. 보통 사람들은 이것이 수사적 과장일 것이라고 생각한다. '임원들이 비즈니스 관련 하루에 받는 보고와 참가해야 하는 미팅이 몇 개인데 시간의 절반을 인재 육성에 쓴다는 말인가?' 물론 모든 기업들이 이렇게 하지는 않는다. 그러나 리더를 잘 키워내는 회사일수록 이런 표현이 사실에 가깝다는 점을 잊어서는 안 될 것이다.

좋은 리더는 결국 경험과
자기성찰로 단련된다

4차 산업혁명 시대에 대비하기 위한 리더를 육성해야 한다고들 한다. 그러나 어떻게 하면 그런 리더 육성이 가능한지에 대한 뾰족한 방안을 제시하는 사람은 별로 없다. 이유는 간단하다. 훌륭한 리더가 되는 것은 교육을 받고 자격증을 딴다고 되는 것이 아니라 내면의 성찰, 자기 변화, 구성원과의 교감을 통해서 조직 안에서 가치를 만들어내는 것이기 때문이다.

미래의 리더로서 잠재력을 갖춘 인재라면 이미 지적인 능력, 문제해결 능력, 기술과 비즈니스 등에 대해서는 충분한 소양을 쌓았을 가능성이 높다. 이들이 아직도 부족한 것이 있다면 그것은 자기관리, 사람관리, 조직관리 등 사람이나 관계에 관련된 것이다. 이런 소프트한 스킬들은 결국 조직 경험과 자기성찰을 통해서만 얻을 수 있다.

한편, 전통적인 위계조직은 피라미드의 꼭짓점에 모든 무게가 실려 있다. 관리자와 실무자들은 CEO와 임원의 의사결정을 보좌하거나 지시한 방향으로 총을 들고 진격하는 보병 역할만 하면 되었다. 제한된 자원을 바탕으로 일사불란한 실행을 하기에는 이런 구조도 나쁘지 않았다.

그러나 앞으로는 이렇게 무겁고 답답한 조직 구조로는 안 된다. 기민하고 적극적으로 변화를 주도하는 조직은 훨씬 수평적이어야 한다. 조직의 무게중심이 아래로 이동해서 현장 구성원들의 아이디어, 제안, 적극성을 최대한 활용할 수 있어야 한다. 그러나 그 전제는 구성원들이 뛰어난 역량을 가지고 동기 부여가 잘 되어 있어야 한다는 것이다. 구성원의 역량과 동기를 끌어올리는 일은 누가 할 것인가? 결국 그것은 리더들의 몫이다. 리더 역할이 '상사'에서 '코치'로 바뀌어야 한다는 것이다.

상사가 아니라 코치가 되어라 ───

4차 산업혁명 시대의 직장인들은 코칭을 잘 해주는 리더를 따를 수밖에 없다. 내외부 환경과 조직이 빠르게 바뀌는 만큼 팀을 이끌고 사람을 동기 부여하는 방식은 달라져야 하는데 이런 능력은 강의나 워크숍 등 정형화된 방식으로 습득하는 데 한계가 있기 때문이다. 게다가 앞으로는 사람들이 조직 안에서 맡는 역할도 자주 바뀌고 다양해지기 때문에 한 번 새로운 일을 맡아 5년이고 10년이고 여유 있게 할 수가 없어서 필요가 생길 때마다 수시로 코칭을 받는 것이 필요하기 때문이다.

최근에는 코칭 대상이 임원에 한정하지 않고 중간관리자나 핵심 인재 후보군에게까지 넓혀지고 있다. 특히 임원이 아닌 직원을 대상으로 하는 코칭은 내부 코치를 육성하거나 직속상사를 통해 코칭하는 방식으로 발전하는 추세다.

이는 코칭의 가치와 효용성에 대한 인식이 확대되는 데 따른 것으로 보인다. 일례로, 국내 채용포털 사람인이 직장인 800명 이상을 대상으로 한 조사에 따르면 응답자의 93.4퍼센트가 "직장 생활을 하며 코치를 받을 필요성을 느낀다"라고 답했다고 한다.

코칭을 기업 차원에서 도입하여 경영혁신을 이룬 사례가 있다. 바로 일본의 닛산자동차다. 닛산은 지난 1990년대 내내 지속적으로 경영이 악화되었고, 1991년 6.6퍼센트였던 전 세계 시장점유율이 98년 4.9퍼센트까지 떨어지는 최악의 경험을 했다. 1999년 3월 카를로스 곤^{Carlos Ghosn}이 구원투수로 등판할 때 이미 회사는 무너지기 직전이었다. 여러 해의 누적적자로 부채는 220억 달러에 달했다.

'구조조정의 달인'으로 이름난 곤은 구성원들의 사기, 조직문화, 수익성 등을 한 번에 잡기 위한 '닛산회생프로그램^{Nissan Revival Program}'

을 가동했다. 놀랍게도 회생불능으로 보였던 회사는 18개월 만에 흑자로 돌아섰고 그 이후 한 번도 적자를 기록한 적이 없다. 닛산의 회생은 기업 구조조정 역사에서 가장 성공적인 사례로 인정받는다.

흥미로운 점은 곤이 변화를 추진하는 과정에서 체계적인 코칭프로그램을 실시했다는 것이다. 1단계로 중견간부 600명을 선정하여 3개월간 본인이 직접 코칭을 실시했다. 이는 새로운 닛산을 이끌어 갈 인재에 대한 탐색을 병행한 것이었다. 다음 단계에는 코칭을 기술직 간부들의 주요 역량으로 지정하고 중간관리자 2,500명 대상으로 코칭 스킬 교육을 실시했다. 그 후에는 코치로서의 스킬을 배운 상사들이 사원들을 대상으로 1:1 코칭을 전면적으로 실시하도록 한 것이다.

굳이 10여 년 전 닛산 사례를 들먹이지 않더라도 글로벌 기업에서는 코칭이 보편화되어 있다. 〈포춘〉 500대 기업 임원들은 이미 90퍼센트 이상 코칭을 받고 있다고 한다. 국내에서도 2000년 이후 대기업 임원 중심으로 코칭 프로그램이 확산되어 왔다. 여기에는 코칭 프로그램을 통해 얻는 장점이 투자의 몇 배에 달한다는 다양한 연구가 도움이 되기도 했다.

코칭이 다른 육성 방식과 가장 차별화되는 점은 '개인 맞춤형'이라는 점이다. 기업의 인재육성 방식은 일반적으로 '표준 역량 모델'을 지향한다. 우수인재의 행동 특성을 표준화한 후 그것을 기준으로 부족한 부분을 찾아내어 강화하는 방식이다.

예를 들어, 한 회사에 다섯 개의 공통역량이 있다고 치자. 아무리 우수한 직원이라도 다섯 가지에서 모두 완벽한 사람은 드물다. 코칭의 장점은 모델에 사람을 짜맞추려고 하지 않고 그 사람이 처한 상황에서 내면의 성찰과 자기 변화를 통한 성과 개선을 도모하려고 한다는 것이다.

아직도 코칭을 경험해보지 못한 직장인과 관리자들이 적지 않다. 그러나 이런 상황은 조직의 리더들이 '코칭하는 리더'로 거듭난다면 바뀔 수 있는 상황이다. 아직까지 코칭을 해보지 못해서, 코칭에 대한 체계적인 훈련을 받지 못해서 등 코칭을 선뜻 시도하기 어려운 다양한 이유가 있을 수 있다. 그러나 코칭에 대해서 그렇게 멀게 생각할 필요는 없다.

효율적인 코칭을 위한 질문 6가지 ────

2007년 이후 〈씽커스 50〉 랭킹에서 한 번도 빠지지 않고 선정되고 있는 세계 최고의 리더십 코칭 전문가 마셜 골드스미스Marshall Goldsmith는 코칭을 위한 대화 접근법이 전혀 복잡하거나 어려울 것이 없다는 점을 강조한다. 실제 세계 유수기업 CEO를 대상으로 코칭할 때도 그는 이 여섯 가지 질문을 활용하며, 기업의 리더들이 부하 대상 코칭 시에도 쓸 수 있도록 권장을 한다. 단순하지만 효과적인 이 코칭 질문들의 내용은 아래와 같다.[50]

질문 1: 우리는 어디로 가고 있는가?

이 질문은 코칭을 받는 사람에게 본인이 속한 조직의 맥락과 큰 그림을 상기시키기 위함이다. 코칭은 단순히 눈 앞의 문제에 대한 응급 처방을 제시하기 위함이 아니라, 코칭 대상자가 스스로 환경 및 이슈에 대한 분석과 성찰을 통해 대응력을 높이기 위한 것이기 때문에 먼저 조직 맥락에 대해 논의하는 것이 중요하다.

질문2: 당신은 어디로 가고 있는가?

코칭을 받는 사람이 현재 달성하려고 하는 목표와 추진 중인 과제 등에 대한 현황을 점검하기 위한 질문이다. 이 질문을 통해 부하 직원의 업무 추진 현황을 점검할 수도 있고, 어떤 난제에 맞닥뜨려 있는지 이해할 수 있다. 부하 직원에게 어떤 제안, 아이디어 제시 전에 현재 상황에 대해 충분히 이해하는 것이 우선이다.

질문 3: 잘하는 것은 무엇인가?

부하 직원이 자신의 강점을 먼저 생각해보도록 하는 질문이다. 사람에게는 누구나 강약점이 있게 마련이지만, 코칭의 접근법은 강점을 우선적으로 강조한다. 강점을 상기해보는 것만으로 많은 것을 깨달을 수 있기 때문이다. 갤럽^{Gallup} 연구에 따르면 리더들이 직원의 강점을 아는 것만으로도 생산성이 7.8퍼센트 증가된다고 한다.

질문 4: 어떤 개선이 필요한가?

이 질문에서 중요한 것은 과거 실수나 실패에 집착하지 않고 '더 나은' 미래 성과에 집중해야 한다는 것이다. 과거지향적 '피드백^{feedback}'이 아닌 미래지향적 '피드포워드^{feedforward}'가 되어야 한다. '만약 자기 자신에게 코칭을 한다면 어떤 개선을 조언하겠는가?'라고 묻는 것도 좋은 질문 방식이다.

질문 5: 어떤 도움이 필요한가?

상사로서 어떤 부분을 도와주면 좋을지를 묻는 질문이다. 지시하고 관리하는 상사로서가 아니라 상대의 성공과 성장에 관심을 가지고 진정한 도움을 주고 싶은 동료의 마음이 중요하다. 이 질문은 앞의 네 개 질문을 통한 대화에 대한 '종합'의 성격을 가지며, 부하 직원의 성장과 발전에 리더로서 도움을 주는 의지가 반영된다.

질문 6: 나에게 조언한다면?

앞의 다섯 가지 질문 및 그에 따른 대화는 리더가 부하 직원을 돕는 내용이었다고 한다면, 이 질문은 반대다. 부하 직원에게 솔직한 조언을 청하는 질문이다. 이 질문을 통해 대화는 일방적인 시혜의 차원이 아니라, 서로 주고 받는 호혜적인 관계가 될 수 있다. 쌍방향적인 대화가 될 수 있다는 얘기다.

이런 식으로 6개의 질문을 바탕으로 1시간 정도의 코칭을 약 2~3개월에 한 번 정도 주기로 실시하고, 혹시 중간에 부하 직원이 도움이 필요한 부분이 있으면 별도의 코칭을 요청하는 것이 바람직하다.

마지막으로 내부 코치와 외부 코치의 차이점을 비교해보자.

내부 코치는 조직 내부의 코치를 활용하는 방식이다. 대개는 직속상사가 코치가 되지만, 회사에서 인증한 코치가 담당을 하기도 한다. 내부 코치는 대상 직원과 조직 맥락에 대해 잘 알고 있어서 이슈 파악이 빠르고 정확하다는 강점을 갖는다. 그러나 상대적으로 전문 코치에 비해 상대의 말을 편견 없이 경청하고 좋은 질문을 던지는 등 코칭 스킬이 부족할 수 있다.

외부 코치는 다년간의 코칭 경험을 쌓은 전문가로 스킬 면에서 강점을 가지고 있다. 다양한 상황에 대한 경험을 기반으로 발상의 전환을 유도하는 능력도 상대적으로 우수하다. 그러나 코칭 대상 및 조직 이해를 위해 여러 차례의 미팅을 통해 사전 이해도를 높여야 하는 점도 존재한다. 궁극적으로는 조직의 리더가 모두 직접 코칭을 할 수 있는 코칭 리더가 되는 것을 지향하는 것이 바람직하지

만, 아직 준비도가 부족한 조직에서는 외부의 전문가를 부분적으로
활용하면서 점진적으로 내부 코칭 역량을 키우는 것이 현실적인 방
안이다.

수평적인 조직에 군림하는 리더는 설 자리가 없다

지금까지 4차 산업혁명 시대에 각광받을 것으로 예상되는 여러 가지 리더상을 살펴보았다. 그 중 일부는 과거에도 존재하던 리더의 모습과 비슷한 것도 있을 것이고 어떤 것은 특히 미래지향적인 리더의 모습이 더 가까운 경우도 있었을 것이다. 그러나 중요한 것은 이런 모습들은 하나의 유형 또는 특성으로 보아야 한다는 것이다. 미래의 리더라고 해서 이런 모든 측면을 다 갖추기를 기대해서는 안 된다. 사실은 이 중에 한두 가지만 갖춘다고 해도 대단한 경쟁력이기 때문이다.

그런데, 만약 딱히 어떤 한 가지에 특출한 강점이 없는 리더라면 어떨까? 그런 사람은 미래의 리더가 될 자격이 없는 것일까? 그렇지는 않다. 어느 한 가지 필살기가 없더라도 4차 산업혁명 시대의 조직을 이끄는 데 아주 중요한 한 가지 리더십 자질을 갖춘다면 충분히 미래 조직의 리더가 될 수 있다. '군림하지 않는 리더'가 바로 그것이다.

수평적 조직문화에 맞는 리더 ———

혹자는 경영은 민주주의가 아니라고 말한다. 경영의 목표는 성과를 내는 것이지, 평등하게 투표해서 결정하는 것이 아니라는 뜻일 게다. 정치, 사회는 민주주의를 중요한 가치로 삼지만, 기업 경영은 그렇지 않다고 보는 것이다. 이 관점에서는 '사람 중심' 경영은 말이 안 된다. 경영management의 어원에 그런 관점이 이미 들어 있다. 이탈리아어 'maneggiare'는 '(전쟁에 나설 때 필요한) 도구를 다루다'라는 뜻이 있었고, 라틴어 'manus(손)'와 'agere(실행하다)'가 합쳐진 것이다. 사람을 수단으로 보는 생각이다.

20세기 기업 조직의 원형은 19세기 국민국가가 보유한 군대 조직에서 가장 큰 영향을 받았다. 이런 조직은 강력한 지휘권, 명령에 대한 복종, 일사불란한 실행 등을 특징으로 한다. 한 명의 뛰어난 리더가 절대적 권위와 참모집단의 보좌를 바탕으로 효율적으로 통솔하는 것이 조직 운영의 기본이었다. 이를 위해 리더는 모든 사람들 위에 군림하고, 그의 권위는 위계를 타고 조직 하부에 전파된다. 이런 체계하에서 소통의 핵심은 '빠르고 정확한 전달'이며, 하의상달下意上達은 최소한으로 이루어진다.

수직적인 조직 풍토는 조직 내 소통을 어렵게 한다. 최근 유럽계 글로벌 기업을 대상으로 이루어진 대규모 연구 결과가 증명한다.[51] 연구팀은 직원 5만5,000명, 전 세계 66개국에서 사업을 영위하는 한 소비재 기업에서 2006년에서 2008년 사이 작성된 9,765건의 생산혁신안을 연구했다. 혁신안 내용이 경영진까지 전달되고 채택되는 과정을 추적, 분석했다. 그 결과 조직 위계가 많을수록 윗선으로의 소통은 두드러지게 줄어든다는 것이 밝혀졌다. 계층 하나당 안건의 상향 전달 및 승인 확률이 10퍼센트씩 감소했던 것이다.

21세기 기업 조직의 모습은 달라야 한다. 한 명의 리더가 아니라 직원 모두의 집단지성이 중요하며, 지시와 명령 이전에 자발적으로 일해야 하고, 누구라도 자기 생각을 말할 수 있고 토론이 가능한 수평적인 문화가 필요하다.

군림하는 리더가 존재하는 조직 안에서 이러한 문화와 소통은 불가능하다. 거꾸로, 이미 이렇게 수평적으로 일하는 조직에서 군림하는 리더는 설 자리가 없다. 예를 들어 구글, 페이스북, 아마존 같은 기업에서는 카리스마로 부하 직원들을 휘어잡고, 부하의 말대꾸에 호통을 치고, 일방적으로 업무 지시하고 결과만 챙기는 리더는 존재하기 어렵다는 말이다.

2015년 7월 평생교육 전문기업 휴넷은 직장인 388명을 대상으로 '선호하는 CEO 리더십 스타일'에 대한 조사를 했다. 이 조사에서 응답자의 59.5퍼센트가 부하들과 함께 아이디어를 고민하고 직원을 의사결정에 참여시키는 '수평형 리더십'의 CEO를 선호한다고 답했다. 2위와 3위는 각각 구성원을 존중하고 섬기는 '서번트 리더십'(17.3퍼센트), 부하에게 믿고 맡기는 '위임형 리더십'(11.9퍼센트)으로 나타났다. 출중한 능력과 권위를 바탕으로 한 '카리스마적 리더십'을 선호한다는 답변은 9.3퍼센트에 그쳤다.

조직 내 분위기가 수직적인지 수평적인지를 판단하는 시금석은 직원들의 발언이다. 수직적인 조직 분위기를 만드는 리더가 주재하는 회의에서 직원들의 가장 일반적인 태도는 침묵이다. '10명이 회의를 하면 2명이 얘기하고 1명이 결정하고 아무도 실행하지 않는다'는 우스갯소리가 있는데, 이는 수직적 리더십 하의 소통이 직원들의 행동을 이끌어내는 효과가 없음을 의미한다. 이런 상황이 오래되면 리더 자신도 직원들의 의견 묻기보다는 일방적으로 지시, 명령하게 되고 부하 직원은 또 불만을 참으면서 시키는 대로만 하는 악순환이 반복되는 것이다.

토론은 수평적 문화를 만드는 핵심 수단이다. 그러나 권위적인 사람이 있는 주변에 있는 자리에서 직원들은 자기 생각을 쉽게 말하지 않는다. 자칫 상사와 다른 생각을 얘기했다가 눈 밖에 나거나,

설사 좋은 의견으로 인정을 받더라도 '그럼 자네가 해보지' 식으로 일방적인 지시가 떨어질 수 있기 때문이다. 따라서 수평적인 조직 문화를 만들고 싶은 리더는 부하 직원들과 함께 토론을 할 때도 자신 때문에 직원들이 심리적 부담을 갖지 않도록 평소에 노력을 해야 한다. 쓰리엠에서는 리더 발탁의 중요한 조건으로 '토론을 주재할 수 있는가', '팀원들의 혁신을 장려할 수 있는가'를 검증하는데, 이런 점 때문에 이 회사의 구성원은 아이디어를 성공적인 제품 혁신으로 잘 연결하는 것이다.

리더들이 수평적인 분위기를 위해 노력하는 조직에서는 구성원 간 갈등이 있더라도 주로 '일하는 방법'에 대한 것에 그친다. 이런 갈등은 토론을 통해 합의점만 찾기만 하면 오히려 팀워크에 도움이 될 수도 있다. 그러나 권위적 스타일의 리더는 부하 직원들을 내집단과 외집단으로 구분하여 차별하기 때문에 직원들 간의 갈등도 감정적 갈등 성격을 띠기 쉽다. 이런 갈등에는 토론도 소용이 없고 오히려 악화되는 경우도 많다. 조직 안의 집단 구분이 고착화되면 리더 자신도 하는 수 없이 내집단 구성원들에 의존할 수밖에 없게 되어 결국 부서 경쟁력을 상실하고 만다.

전통적인 리더들이 버려야 할 3가지 생각 ─────

1. 모든 것을 직접 통제해야 한다

의사결정은 자신의 권한이고 부하들은 수족이 되어 시키는 대로만 하면 된다고 생각하는 것이다. 리더가 모든 정보와 의사결정을 독점하는 권위주의적인 사고 유형이라고 할 수 있다.

2. 부하 직원을 믿을 수 없다

리더로서도 부하의 의견을 종종 묻고 어지간한 일은 위임해서 처리하고 싶지만, 막상 시켜보면 부하 역량이 부족해 보이고 못 미덥다고 느끼는 것이다. 특히 부하의 실패에 대한 책임을 자신이 져야 할 경우 이런 생각을 할 수 있다.

3. 조직 안에 상하가 뚜렷해야 한다

이것은 동양적인 '장유유서'의 관념이 은연중에 남아 있는 경우다. 특히 언어적으로 존대와 하대의 구분이 뚜렷하게 구분되는 한국어의 특성상, 리더가 유교적인 상하관념을 가지고 있으면 구성원과의 거리를 좁히기 어려울 것이다.

사실, 어떻게 생각하면 권위를 내려놓고 구성원에게 다가가는 것은 오히려 리더에게도 좋을 수 있다. 내가 권위를 내려놓는 만큼 팀원들의 공헌도가 높아지면 그만큼 자신의 부담도 줄어드는 것이다. 즉, 권위를 내려놓는 것이 일방적으로 양보하는 것이 아니라 팀원들의 높아진 책임감과 맞바꾸는 것이다.

수평적 리더십을 위한 액션 플랜 ─────

그렇다면, 수평적인 리더십 발휘를 위해 리더들이 구체적으로 취할 수 있는 행동은 무엇일까?

1. 정보를 공유한다

전통적인 리더는 정보를 통제함으로써 권위를 유지했다. 희소한 정보는 곧 권력이기 때문이다. 그러나 수동적으로 일하는 직원들 앞에서 권위를 높인들 무슨 소용이 있겠는가? 직원들이 자발적이고 책임감 있게 행동하기를 원한다면 우선 정보를 투명하게 나눠야 한다. 직원의 자발성이 높은 구글에서는 모든 정보를 공유하는 것이 기본 원칙이다.

2. 의견을 구한다

아무리 수평적 문화를 지향하더라도 의사결정은 리더의 핵심 책무다. 다만, 의사결정의 과정에서 구성원들의 의견을 충분히 수렴한다면 의사결정 결과에 대한 수용성을 얻을 수 있다. 말로는 '의견을 얘기해보라' 해놓고, 결국은 아무 설명도 없이 원래 자기 주장대로 결정을 해버리면 부하 직원들은 다시는 의견을 얘기하지 않게 된다. 의견을 구할 때는 진심으로 구해야 한다.

3. 끝까지 듣는다

전통적인 리더는 지시를 전달하는 사람이지 남의 말을 잘 듣는 사람은 아니다. 그리고 남의 말을 경청하는 것은 말을 하는 것보다 에너지가 많이 소모되는 일이다. 그러나 부하 직원들은 리더가 자기 얘기를 들어주는 것만으로도 존중감, 존재감을 느낀다. 조선 최고의 군주로 꼽히는 세종은 아무리 불편한 토론 주제라도 신하들의 난상토론을 묵묵히 끝까지 들었다고 한다.

4. 권한을 공유한다

흔히 말하는 '권한 위임'과 유사하지만, 차이는 한 번 공유한 권한을 이유 없이 거둬들이지 않는다는 것이다. 권한을 줬다가 빼앗는 것은 애초에 주지 않는 것보다 더 실망을 주기 때문이다. 권한을 나눌 때는 확실하게 주는 것이 좋다. 이를 위해서, 리더는 직원은 '내 지시의 대상'이라는 생각에서 벗어나 '나와 함께 성과를 만들어 나가는 파트너다'라고 믿는 것이 중요하다.

수평적 리더십에 대한 오해 ———

끝으로, 수평적 리더십에 대해 가질 수 있는 한 가지 오해에 대해 짚어보자. 수평적 리더십이 항상 옳은 것은 아니라는 점이다. 리더십은 절대적으로 어떤 스타일이 좋고, 어떤 스타일은 나쁘다고 할 수 없는 면이 있다. 이것을 '상황적 리더십situational leadership' 관점이라고 한다.

수평적 리더십도 마찬가지다. 인재가 많지 않고, 시민의식 수준이 낮고, 당장의 생존이 위협받았던 과거에서는 카리스마와 결단력을 갖춘 지시적 리더가 잘 먹혔다. 그러나 4차 산업혁명 시대에는 리더가 모든 답을 줄 수 없고 구성원들의 집단지성 발휘가 중요하며 불확실한 상황에서 구성원들의 자발적 변화 참여를 설득해야 하기 때문에 수평적 리더십이 더 적절하다는 것이다.

1   재벌닷컴이 2014년 감사보고서를 제출한 2만2,673개 기업 대상 분석 결과 두산, 신한은행, 동화약품, 우리은행, 몽고식품, 광장, 보진재 등 7개 회사가 창업 100년 이상된 기업들. 2017년 현재를 기준으로 하면 성창기업지주가 포함되어 8개가 됨.

2   제이 바니 교수는 전략경영에서도 '자원 기반 관점Resource-Based View'이라고 불리는 이론 분야에서 구루로 인정받는다.

3   "Marketing is dead, says Saatchi & Saatchi CEO", Richard Draycott, , 25 April 2012

4   글로벌HR 포럼 2016 (2016.11.3)

5   전 세계 GDP의 85퍼센트를 차지하는 32개 국가의 잠재적 GDP 성장률 전망을 토대로 추산

6   Aligning the Organization for Its Digital Future, 26 Jul 2016, Gerald C. Kane, Doug Palmer, Anh Nguyen Phillips, David Kiron, and Natasha Buckley, 〈MIT Sloan Management Review〉

7   《디지털 트랜스포메이션: 4차 산업혁명, 당신의 기업은 무엇을 준비해야 하는가》조지 웨스터먼, 디디에 보네, 앤드루 맥아피 (e비즈북스, 2017)

8   2008 Workplace Survey —U.S. Gensler Consulting

9   "Employee Mobility, Spin-outs, and Knowledge Spill-in: How Incumbent Firms Can Learn from New Ventures", by Ji Youn Kim and H. Kevin Steensma in 〈Strategic Management Journal〉, Volume 38, Issue 8 August 2017 Pages 1626 – 1645

10 2007년 한국 방문 시 인터뷰

11 2016년 국내 컨퍼런스에 참여한 글로벌 IT 대기업 SAP 아태지역 인사 본부장 제니퍼 응Jennifer Ng은 "미래의 세대는 평균 2년에 한 번 일자리를 바꿀 것"이라고 예견했다.

12 Lombardo, M. M., & Eichinger, R. W. (2000). High potentials as high learners. 〈Human Resource Management〉, 39, 321 – 330

13 Curiosity Is as Important as Intelligence. Tomas Chamorro-Premuzic, 〈Harvard Business Review〉, August, 2014

14 The problems cannot be solved using the same level of thinking that created them.

15 The multiple faces of complex problems: A model of problem solving competency and its implications for training and assessment. Andreas Fischer and Jonas C. Neubert. 〈Journal of Dynamic Decision Making〉, February 2015

16 에스토니아[Estonia]는 인구 약 130만에 국토는 남한 면적의 절반 정도이며 부존자원도 거의 없다. 1991년 구소련에서 독립한 후 IT 산업의 집중적 육성 및 성장 바탕으로 20년간 인당 GDP가 15배 성장했다.

17 Digital Technology Leadership Program. 이 프로그램은 기존에 GE가 많이 사용해왔던 채용/육성 연계형 패스트 트랙[fast track] 프로그램들과 유사한 방식으로 설계돼 있다. Comercial Leadership Program, Operations Management Leadership Program, Corporate Audit Staff, Corporate Leadership Staff 등

18 학업 또는 경력을 통해 소프트웨어 경험을 쌓고 평균학점 3.0 이상이고, 분석 및 기술적 능력이 뛰어나야 하며, 디지털 분야의 커리어에 열정이 있어야 함.

19 데이비드 래퍼[David Raper] IBM 아태·중국 사회공헌 총괄[Lead, Asia Pacific Corporate Citizenship] 임원은 미국 IBM 본사에서 근무하는 임직원 3분의 1은 이미 '뉴칼라'에 해당한다고 한 인터뷰에서 언급했다. 또한 IBM은 직접 '뉴칼라' 인재를 직접 양성하기 위해 뉴욕시 교육청·뉴욕주립대와 손잡고 2011년 브루클린에 'P테크 학교'를 처음 선보였다. 이 학교는 9학년(중3)부터 입학, 6년 과정을 마치면 2년제 학위를 받는다. 2016년 말 기준 미국 전역에 55개로 늘어났고 다른 나라로도 확장할 예정이다.

20 사실은 삼성도 이미 변화하고 있다. 최근 2~3년간 사내 벤처캐피털을 통해 사모은 60개 기업들 중 다수가 디지털과 데이터 분야의 스타트업 회사들이다. 손영권 삼성전자 사장(최고전략책임자·CSO)은 2017년 10월 11일 미국 샌프란시스코에서 열린 '삼성 CEO 서밋'에서 "삼성은 이제 데이터 회사다. 갤럭시 폰을 통해 가장 많은 데이터를 만들고, 삼성 반도체는 데이터를 옮기고 저장한다. 전 세계 데이터의 70퍼센트가 삼성 제품을 통해 생성되고 저장된다"면서 "데이터를 통해 미래 혁신의 물결을 만들겠다"고 밝혔다. (〈매일경제신문〉 2017년 10월 12일)

21 성공적인 설득을 위해서는 에토스[ethos], 파토스[pathos], 로고스[logos]의 순서로 접근을 해야 한다고 강조했는데, 여기서 에토스는 '평소 행동을 통해 나의 진정성을 인지시키고 신뢰에 기반한 관계를 구축하는 것'을 의미한다.

22 패스트윅스:《린 스타트업》의 저자 에릭 리스의 컨설팅을 받아 GE 상황에 맞게 고안한 경영도구이자 방법론. 미래를 예측하기 어려운 불확실한 21세기에 효과적으로 비즈니스를 수행하기 위한 경영 지침. 고객니즈 이해 → 가설 설정 → MVP(최소기능제품) 설정 → 학습지표설정 → 방향전환 또는 유지 등 5단계로 이루어진다.

23 One of us: Harness the benefits of a diverse workforce

24 Expecting to teach enhances learning and organization of knowledge in free recall of text passages. John F. Nestojko & Dung C. Bui & Nate Kornell & Elizabeth Ligon Bjork. 2014

25 https://www.sony.net/SonyInfo/News/Press_Archive/200310/03-047E/

26 2004년 출시된 Vaio Pocket(모델명: VGF-AP1L). 아이팟이 미려한 디자인, MP3 파일 호환성, iTunes를 통한 콘텐츠 확장성을 무기로 삼았던 반면 Vaio Pocket은 무거워서 휴대하기 불편했고(MP3플레이어와 노트북의 중간 크기), 소니 고유의 포맷(ATRAC3)으로 한정되어 MP3, WMA 등 파일은 작동이 안 되었으며, 가격도 아이팟보다 비쌌다. 꼭 이 제품 하나 때문만은 아니겠지만, 연례 인터브랜드^{Interbrand} 조사에서 2004년 소니의 브랜드 가치는 전년 대비 무려 16퍼센트가 감소했다. 그 이후 후속작으로 출시된 제품들도 거의 모두 실패했다.

27 《Who Says Elephants Can't Dance?》 Louis V. Gerstner Jr., 2003

28 〈Insight To Impact Leadership That Gets Results〉 HayGroup

29 《Building a winning culture》 Paul Rogers, Paul Meehan, Scott Tanner, 2006 (Bain & Company)

30 질문: "귀하가 현재 직장에 입사하기로 결정한 가장 중요한 이유는 무엇입니까? (22개 선택지에서 5개 선택) 도표에서 보듯이 핵심인재들은 전체 근로자 평균과 비교했을 때 급여, 근무위치, 휴가 등의 위생요인에 상대적으로 적은 가중치를 부여한 반면 조직 가치, 자율성, 경력 기회 등 동기요인에 더 큰 의미를 부여한다.

31 대기업 평균 65.7점, 중견기업 평균 63.1점, 중소기업 평균 57.0점

32 이 조사는 맥킨지의 조직건강도$^{Organizational Health Index}$ 모델에 기반하여 리더십, 업무 시스템, 혁신 분위기, 책임 소재 등 조직 경쟁력에 영향을 미치는 제반사항을 정량화하여 글로벌 1,800개 사의 평균과 비교한 것이다.

33 〈8 Reasons Why Korea Has Some of the Longest Working Hours But Low Productivity in the OECD〉, http://thesawon.blogspot.kr/2014/02/why-korea-has-worst-productivity-in-oecd.html.

34 이자비용, 세금, 감가상각 및 무형자산상각비 차감 전 이익률.

35 개인용 컴퓨터$^{personal computing}$, 애니메이션 영화$^{animated movies}$, 음악^{music}, 휴대전화^{phones}, 태블릿 컴퓨터$^{tablet computing}$, 리테일$^{retail stores}$, 디지털 출판$^{digital publishing}$. (출처: Walter Isaacson, Harvard Business Review 2012년 4월)

36 2010년 세계가치관조사$^{World Values Survey}$: 한국인의 타인 신뢰도 26점. 가장 높은 국가는 덴마크로 75점. 2017년 OECD 조사: 한국인의 정부 신뢰도 24점. 가장 높은 국가는 스위스로 77

점, OECD 평균은 46점.

37 2015년 폴크스바겐^{Volkswagen} 연비 조작사건도 이 사건과 판박이 같은 사건이었다.

38 Why You Can Focus in a Coffee Shop but Not in Your Open Office. David Burkus. 〈Harvard Business Review〉, October 18, 2017 / Is Noise Always Bad? Exploring the Effects of Ambient Noise on Creative Cognition. Ravi Mehta, Rui (Juliet) Zhu and Amar Cheema. 〈Journal of Consumer Research〉 Vol. 39, No. 4 (December 2012), pp. 784-799

39 Gesquiere LR, Learn NH, Simao MCM, Onyango PO, Alberts SC, Altmann J. Life at the top: rank and stress in wild male baboons. Science (New York, NY). 2011;333(6040):357-360. doi:10.1126/science.1207120.

40 David A. Garvin, "How Google Sold Its Engineers on Management," 〈Harvard Business Review〉, Dec 01, 2013

41 "If You Want to Motivate Employees, Stop Trusting Your Instincts" 〈Harvard Business Review〉, Feb 2017

42 The best ideas emerge from the intersection of technology and the humanities.

43 Schilling, M.A., Marangoni, A., Vidal, P. & Rajan, M. 2000. Learning by doing something else: The impact of task variation on organizational learning curves.

44 Introducing T-Shaped Managers: Knowledge Management's Next Generation. Morten T. HansenBolko von Oetinger. 〈Harvard Business Review〉, March 2001.

45 Sir Alex Ferguson: Managing Manchester United, Anita Elberse & Thomas Dye, 〈Harvard Business School Press〉, 2012

46 Simplify라는 단어가 3번 반복되는데, 그중 두 개에는 취소선이 그어져 있다. 단순함을 강조하는 단어조차 반복하지 말고 단순하게 표현하라는 얘기였을 것이다.

47 2001년부터 격년으로 선정하는 경영사상가 50명의 명단임.

48 GE의 이멜트 회장은 180명 정도의 승계 후보에 대해 매우 상세한 수준으로 알고 있었다고 한다. 그러나 그런 능력은 일반화하기 어려운 것이다.

49 흔히 'Talent Review' 또는 'People Session' 등으로 불림.

50 The Six Question Process: Coaching For Leaders (https://www.youtube.com/watch?v=FYhws73vm0c)

51 Reitzig, M. and Maciejovsky, B. (2015), Corporate hierarchy and vertical information flow inside the firm—a behavioral view. Strat. Mgmt. J., 36: 1979-1999. doi:10.1002/smj.2334